わたしの愛《いと》しい子どもたち

～朱美先生の子どもエッセイ～

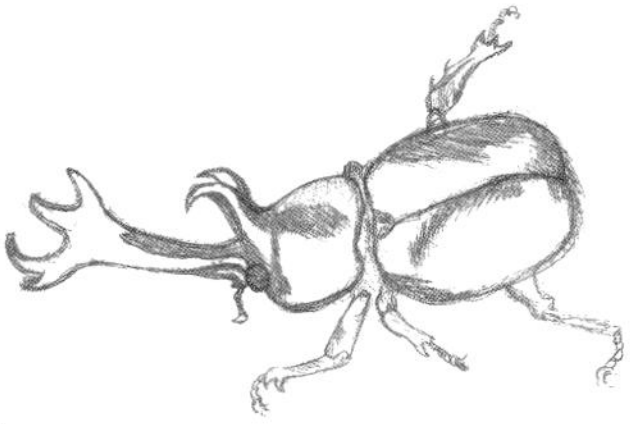

藤原朱美 著

山下雅彦（企画・編集協力）

本の泉社

はじめに

山下雅彦先生の研究室で立ち話をしているときに、たくさんの本の中に「サウンド・オブ・ミュージック」のビデオテープを見つけました。
私「先生、私はこの映画を見て教師を志したんです」
山下先生「ええっ、それは初耳だねえ」
私「私は、マリア先生みたいな先生をめざしているんです」
山下先生「またまたそれは興味深いねえ。そのこと今度まとめてみてよ」
私「はい」
子どものころ、初めてテレビで見て衝撃を受けたこの映画。
大人になってBSで放送された時のビデオ（当時はβテープ）を、繰り返し繰り返し見て、教師になる夢を持ち続けました。
初めての海外旅行も、迷わずオーストリア。「サウンド・オブ・ミュージック・ツアー」（全部英語）にも参加し、映画のロケーション巡りをしました。まさに、オタク（笑）。
私がどうしてマリア先生にこれほどあこがれるのか、映画の中で私が好きなシーンをまとめてみます。

・市場で、トマトを受け取れなかった一番末の娘グレーテルが、ちょっと泣きそうになります。するとマリア先生は、顔色一つ変えず、「もう一回」と指を立てます。グレーテルはたちまち笑顔。

・反抗期で素直になれない長女リーズルは、「家庭教師はいらない」と言います。そんなリーズルにマリア先生は、「じゃあ、お友達になりましょう」

・「子どもたちに遊び着を」とお願いするけど、大佐（父親）は聞き入れてくれません。そこでマリア先生が思いついたのが、「カーテンをリメイクする」。「私のお気に入り」の歌。ハチに刺されたときでも、犬にかまれたときでも、お気に入りのものを思い出せば大丈夫。

・大佐に子どもたちの心の中をわかってもらおうと、一生懸命訴えるマリア先生。大佐「修道院でもそんなに反抗的だったの？」。マリア先生「もっとです！」

・グレーテル「先生に指を見せたいの。お願いします」。帰ってきたマリア先生に一番に指を見せたグレーテル。マリア先生「どうしたの？」。グレーテル「はさまれたの」。マリア先生「何に？」。グレーテル「お兄ちゃんの歯」

書いてみてわかってきました。子どもだった私が、大人にこんな対応をしてもらいたかった、こんなふうに大人と話をしたかったということが。

私は子ども時代に、大人からの激しい叱責や、学校の先生による体罰が当たり前の中で育ちました。子どもは親や大人の言うことを聞かなければならない、反抗するなんてなまいきだ、女のくせに、子どものくせに……さまざまな抑圧の中で育ってきました。

「教師になって、そんな昔の自分みたいな子どもたちのそばにいる大人になりたい」と強く願ったことも、私の原動力になっています。

「子どもの味方」であるマリア先生みたいな大人になることを、今もめざしています。

教員免許状更新講習で、山下先生に初めてお会いしたとき、なんとなく「この方の話をもっと聞きたい」と思いました。「この方なら、長年なんとなく悶々としている自分の気持ちを整理するヒントをくださるかもしれない」と思ったからです。

パソコンもよく扱えない私が、フェイスブックを始めるきっかけになったのも、山下先生とお友達になりたかったからです。

山下先生とつながって早5年。本当に私の世界は広がりました。同じような考えのたくさんの仲間もできました。

みなさんに共通するのは、「子どもが真ん中」だということです。

教師として、学童保育の指導員として、保育士として、母親として、教師を志す人として、みんな子どもたちのそばにいる大人として自分に何ができるのかを問いながら、子どもに軸足を置いて行動しておられます。

その中で、私自身も自分のことを書くことで整理しながら、教師として、母親として、ただの子ども好きなおばちゃんとして、できることがあるのではないかと思い始めました。

拙い実践の数々ではありますが、この本を取っていただいた方が、「子どもってかわいい」と、ほんのちょっぴり「ほっこり」してくだされば幸いに思います。

また、２０１６年4月におきた熊本地震についても、その日から私自身が経験した約10日間の出来事を、どうしても本書に入れたくて書き下ろしました。

熊本地震を経験したことでつらいこともありましたが、次世代の子どもたちにこのことを伝えたいという思いもふくらんでいることと、子どもたちの笑顔が未来をつくると信じているからです。

そして、私は今日も子どもたちに会いに学校に行きます。

（注１）文章中の子どもたちの名前はすべて仮名です。
（注２）このエッセイでは、過去数年分の実践を混在させて記しています。月日は当時のものです。

わたしの愛《いと》しい子どもたち～朱美先生の子どもエッセイ～◇もくじ

はじめに……2

● 第1部　子どもたちと朱美先生の1年

1学期……8
2学期……38
3学期……97

● 第2部　教師として、親として、人間として

第1章　熊本地震のこと……128
第2章　今まで出会った子どもたち……150
第3章　わが家の伝説娘……158
第4章　「朱美さんはこんな人」　賎津里美・星野ゆか……166

● 第3部　解説

藤原朱美実践の魅力と可能性　山下雅彦……176
「普通」の教員・藤原朱美の世界を探る　藤井美保……194

あとがき……204

第1部

子どもたちと朱美先生の1年

【1学期】

■待っていますよ　4月5日

来週は入学式。新1年生のみなさんは、ワクワクドキドキしておられることでしょう。

新1年生のあみちゃんのお母さんから、朝学校に電話がありました。「今日あみと歩く練習のために学校に行こうと思っているのですが、藤原先生はおられますか？」とのこと。あみちゃんのお家に先日家庭訪問をしたときに、春休みの間に一度学校に来ることを約束していたんです。ちゃんと覚えててくれたんです。家庭訪問では、自分で作った絵本を見せてくれて、宝箱も見せてくれて、得意のフラを踊ってくれたあみちゃんと、すっかり意気投合してしまいました。

途中、お花を摘みながら寄り道を楽しんできたあみちゃん、おでこにはうっすらと汗をかいています。妹のななちゃんも私を見てニッコリ笑ってくれました。ブランコで一緒にしばらく遊んで、おしゃべりして、ニワトリを見てその後お母さんとななちゃんと3人で桜の下でオニギリを食べてあみちゃんは帰りました。

待っていますよ。きっと黄色い帽子が似合います。

■入学3日目 4月11日

入学3日めでした。昨日からの2日間で、たくさんのことを学んだ1年生です。いくつかを紹介しますね。靴箱の使い方、連絡帳の出し方、トイレの使い方、手の洗い方、朝と帰りの挨拶の仕方、引き出しの整理の仕方、給食当番の仕方、お掃除の仕方などなど。「学習する」ための「学び」です。みんな、何でもめずらしそうに取り組んでくれます。立派な1年生！　下校のとき、先生方と手分けをして送って行くのですが、今日は疲れて歩くのもやっとみたいでした。

黄色い帽子に、車で通る人や近所の方々も目を細めて見てくださいます。子どもたちは地域の宝ですからね。ありがたいなぁと思っています。なかなか面白い発言や行動もあります。少しずつ投稿しますので、お楽しみに。

■よそ見 4月12日

今日の音楽の時間、何やら子どもたちが窓の外に気を取られています。

よそ見をしている子どもを、「こら！」と叱ることを、私はしません。子どもたちが気になることって何だろう？　と思って見てみると、本当に面白いことを見つけていたりするからです。今日も、「どうしたの？」と聞くと、「先生、こいのぼり！」と言うんです。

見ると、運動会で校旗を揚げるところに、教頭先生がこいのぼりと吹き流しを揚げておられたんです。「こいのぼりだ！」「1年生のとき、こいのぼりの《こ》の字勉強した！」

みんなで席を立って、窓を開けて、「きょうとうせんせい～!! こいのぼりありがとうございますぅ～!!」って、ブンブン手を振りました。いいんです。たまにはよそ見も。

■さえちゃんの初恋

4月13日

1年生さえちゃんの、最高にかわいい発言です。さえちゃん「先生、さえ、学校好きになった。だってね、学校には本物の王子様がいるもん」。私「よかったね、さえちゃん。王子様って誰のこと？」。さえちゃん「あのね、〇〇君♡（6年生）」。私「よかったね」

6年生が、手つなぎペアみたいに、就学前健診のときからお世話をしてくれてます。さえちゃんが大好きな〇〇君は、絵本の読み聞かせが上手なやさしいお兄ちゃんです。さえちゃんの初恋かわいいです♡

■期待の新人登場

4月14日

お家が農業をされていて、毎日牛の餌やりがお手伝いの、1年生の男の子がいます。私の投稿を以前から読んでくださっている方はご存知かもしれませんが、前任校で出会った

「ヤンマー君」みたいなんです（懐かしい！）。「プチ・ヤンマー君」って感じかな。

そのプチ・ヤンマー君を送って帰っていたときのこと。プチ君「先生、俺んち、トラクター３台ある。コンバインと田植えするのがある」。私「すごいね。プチ君は、ヤンマーが好き？　それともクボタ？　イセキ？」。プチ君「俺はね、三菱が好き！」

プチ・ヤンマー君もとい、三菱君に決定！　人なつっこくて、明るくて、お手伝い大好きな素敵な男の子です。

■ポン吉くんうまれる　４月15日

今朝みゆちゃんがニコニコして私のところに来ました。「先生、赤ちゃん生まれた。先生が病院に来たって、お母さんが言ってた！」

「おめでとう。よかったね〜。ねぇ、名前は決まったの？」と、たずねました。「あのね、私は《ポン吉》がいいと思うんだけど」……「Ａ木ポン吉」いかがですか？

■「○○食べませんよ〜」　４月17日

１年生によくあることなんですけど、まだお口に何でも入れちゃう人がいるんです。無意識にやってしまうみたいで、時々注意をします。

（授業中）「はい、鉛筆食べませんよ～」「はい、教科書かみませんよ～」
（帰りの準備中）「はい、（連絡袋の）ファスナーかみませんよ～」
（そして、今日の掃除中）「はい、ぞうきん食べませんよ～」

■ひらがな文字指導

4月24日

国語で「ひらがな文字指導」を始めました。一文字一文字、具体物や具体的な体験とひらがなを結びつけ、獲得していくものです。「し」は、「しっぽ取りゲーム」。タグラグビー用のタグをしっぽに見立てて、しっぽ取りをしたあと、タグで「し」を作りました。「つ」は、「つみき」で「つ」を作り、「へ」は、画用紙で作った「へび」を「へ」の字にしました。

今日は、「く」でした。「くるまいす」の「く」です。初めてさわる車椅子に、興味深々の子どもたち。はじめは教室や廊下でキャーキャー遊んで楽しそうにしていましたが、運動場で大きな「く」を車椅子でなぞったり、坂をのぼったりするのは大変そうでした。「はじめは簡単だったけど、腕が疲れた」「坂はこわかった」「狭いところを曲がるのは難しい」。いろんなことに気づいてくれたみたいです。

順番が待てなくて涙が出たり、「割りこんだ！」とケンカになったりしながら、それもお勉強。みんなで共通の体験をしながら、文字を学ぶだけでなく、いろんな気づきができるといいなと思います。

■やぎさんゆうびん

4月25日

音楽の時間。「やぎさんゆうびん」って歌をご存知ですか? しろやぎさんがくろやぎさんにおてがみを出したら、くろやぎさんがそれを食べちゃって、その内容をたずねるためにしろやぎさんにおてがみをかく、という内容です。2番はこの逆で、くろやぎさんから来た手紙をしろやぎさんが読まずに食べちゃいます。

私「この歌に3番があったら、またくろやぎさんにしろやぎさんからお手紙が来るよね。2回目にお手紙もらって、くろやぎさんはどうしたと思う?」。はい、はいって子どもたちが手を挙げます。しいなちゃん「食べた」。はる君「食べた」。さえちゃん「読んで、食べた」

私「じゃあ、あなたがくろやぎさんだったらどうするかな? 1番、《読まずに食べちゃう》人!」。4、5人が手を挙げます。私「2番、《読んで食べる》人!」。また4、5人が手を挙げます。一生懸命考えているのか、首をかしげる子どもたちもいます。

私「3番、《私はやぎじゃないから食べない》人!」。首をかしげていた子どもたちが手を挙げました（笑）。
真剣に考えてくれる1年生がかわいい♡

■オオルリシジミ見学　5月9日

今日は、阿蘇の牧野に「オオルリシジミ」を見に行きました。オオルリシジミは絶滅危惧種。阿蘇と長野県にしか生息していない小さな瑠璃色のチョウチョです。「草原学習」の一環で、何年か前から私の勤務する小学校では1・2年生が学習しているのです。今日は、草原のことに詳しい先生（別名「阿蘇じい」）と、環境庁のレンジャーの先生が講師で来てくださいました。

朝から若干興奮気味の天使たち。オオルリシジミって、それはそれは美しいチョウチョなんです。なぜ阿蘇に生息しているかというと、赤牛の放牧のおかげなのです。赤牛は草を食べますが、クララという苦味のある草は食べません。実はオオルリシジミは、そのクララの花にたまごを産むのです。クララが枯れるような除草剤を使わない阿蘇だから生き残れたんです。緑がいっぱいの草原に、ワクワクしている天使たち。しばらく草原をすすむと、いました！　瑠璃色の可憐なチョウチョ。まるで子どもたちを歓迎してくれているようです。「おーっ！」「かわいい！」。ホントにかわいいんです。

クララの花に、小さなたまごもあります。せいらちゃんとだいごくんが見つけました。さすが2回目。オオルリシジミ観察の後は、班に分かれて「草原ビンゴ」「キラキラ光るもの」「鳥の声」「ハートの形」「すごいもの」「ふわふわするもの」などを探します。「ウマノアシガタが光ってる！」「シロツメクサの花は触るとふわふわ」「すごい牛のウンチがあった！」。子どもたちの発見はすごいです。

阿蘇じいが子どもたちに最後におっしゃいました。「この阿蘇の景色。僕はこの景色が大好きで、15年前に阿蘇に引っ越してきました。みんなが将来阿蘇を出ることになっても、この美しい景色を忘れないでほしい」。思わずじーんときた私。そうそう、そんなことを大切にできる子どもたちを育てたいんです。子どもたちの感想には、オオルリシジミの美しさだけではなく、阿蘇じいや景色への感謝の気持ちも綴られていました。

草原と子どもたちのコラボレーションも最高。本当に天使に見えました。

■「アスパラガスハウス」見学

5月17日

水曜日に、アスパラ君のお父さんとお母さんのご協力をいただいて、アスパラガスのハウスの見学に行きました。アスパラガスの「あ」の文字の学習も合わせた、体験学習です。

私、全然アスパラガスのことを知らなかったのですが、アスパラガスってタケノコみたいに親の木があって、根っこ（地下茎）が私たちが食べるアスパラガスなんだそうです（あ、みなさんご存知でしたか?）。「土の中では真っ白なアスパラガスが、太陽に当たって緑になる」「横の三角がきれいなアスパラガスがおいしい」「寒いとアスパラガスは紫色になる」「夏は朝夕収穫をして、休みはない」――いろんなことを教えてくださいました。一番真剣に聞いていたのは、私と教頭先生（笑）。子どもたちには少し難しかったかな。でも、学校に帰って学習シートをかいたら、子どもたちが生きいきと表現していて、びっくりしました。1年生なりに感じとることができたんだと思います。やっぱり本物って素晴らしいです。

お土産に子どもたち全員にアスパラガスをいただきました。次の日の連絡帳には、「いつもはあまり野菜を食べないのですが、今日はパクパク食べました」と、たくさんお返事をいただきました。そして何よりよかったと思ったのは、アスパラ王子君がとてもうれしそうだったことです。アスパラ王子君のシートには、「おおきくなったらあすぱらがすをつくります」と力強く書いてありました。アスパラ王子君のアスパラガスを食べたいです。

たまには私から叱られるんですよ

５月21日

たまには私から叱られるんですよ、うちのクラスの天使たちも。

今日、給食のときにわかったことなんですけど。「先生、昨日先生がおらんだった（自習）のとき、○○君たちが騒いでうるさかった」「それで、鉛筆でチクッとした」ん、ちょっと待って！　となりました。自習中に何人か騒いでいたみたいなんですけど、その中の２人がお友達の手に「血い、吸ってやる～」って鉛筆の先をチクッとしたそうなんです。お友達が「せんで～！」と言うと、その反応がおもしろくてエスカレートしたみたいです。「あのね、鉛筆が本当に刺さったら、跡が残るとよ。ごめんなさい言っても治らないとよ」と言うと、「あ」事の重大さに気づいた様子。

「あのね、ふざけてしてもいいことと、ふざけてでも絶対したらいかんことがあると」。いつになくしっかり言う私に、子どもたちも考えている様子。叱りっぱなしにはせずに、子どもたちに考えてもらいます。「で、どう思う？」

「チクッとしていかんだった」「お友達の注意を聞かんだった」「ふざけて騒いで迷惑かけた」。ちゃんと反省してるみたいです。これ以上は叱りませんが、これだけは伝えないと。「ケガをせんかったけんよかったし、みんなが言ってくれたからわかってよかった。先生はね、いつも一緒にいるわけじゃないけん。していいことか、いかんことかちゃんと考えられる人になって」。いつになくしゅんとして、考えてた天使たち。失敗も学びなんです。繰り返し根気よく話していきます。たまに私が真剣な顔で話すから、よくわかってくれてるみたいです。

■若い先生方へ

5月27日

昨日の研修で、若い先生方が悩んでおられました。私の経験や今やってることで、いくつか思いついたことを伝えました。

「ひらがなをなかなか覚えられないんです」「子どもたちの興味があるものや、具体的なもの、生活に結びつくものの文字を、体験活動を通してやってみるといいですよ（くぐらせ期のかな文字指導）」

「筆圧が弱くて、鉛筆でうまく書けないんです」「鉛筆にこだわらずに、マジックとかでもいいんじゃないでしょうか。『これができない』じゃなくて、『これならできる』で」

「数が入りません」「指は便利ですよ、指遊びもあります」

「運動会の練習で、私を見てわざとふざけるんです」「先生が大好きで、見てほしくてかまってほしくてたまらないんじゃないでしょうか?」

「文字を飛ばして読むんです」「色画用紙で一行ずつ抑えると、ごちゃごちゃしないみたいですよ」

「1人が泣いて時間がかかって、他の子の学習が進みません」「まずは泣いてるその子を最優先して、思いきりひざの上で泣かせてあげてもいいと思います。他の子どもたちが自分でもできることをやっててもらうといいですよ。待っててくれたら、うんとほめて」

何か「コウシナケレバナラナイ」に囚われすぎてるのは、大人の方かも。子どもさんたちは、「ソレジャデキナイ」光線を出してる。「これもできない」から、「こうしたらできる」「できなかったら、また一緒に考える」という、プラスの意識に向けたいですよね。

■「せんせい」の代表

5月27日

今日は、「せ」の文字を学習しました。練習した後は、プリントの裏に「せ」のつくものの絵を描くんです。今日は子どもたち、「《せんせい》の《せ》だ!」って言って、みんな私の絵を描いてくれるんです。もう、傑作が多いんですよ。子どもたちがプリントの裏とかに描く絵は、本当に最高にかわいいんです! AKBみたいなふじわらせんせい。お姫様みたいなふじわらせんせい。セーラームーンみたいなふじわらせんせい。ものすごく髪の毛がチュルチュルしているふじわらせんせい。

子どもたちが描いてくれているのを見ながら、(あー、この人たちにとって、先生の代表は私なんだ。この人たちを裏切らないように、もっとがんばらなきゃ）って思いましたよ。本当に幸せな気分で。入学当時、自分の名前を書けなかった子がいるんですが、今どんどん文字を吸収しています。その子が、今日私の絵を描いてくれて、その横に「あけみせんせい」って書いたんですよ！　もう、感動でした。子どもたちってすごい！　感動します。

■お寺の探検

5月29日

今日は校区探検でした。そこにはおもしろい名前の駅があります。ちっちゃくてかわいい無人駅。なんと、日本で一番有名なサザエさん一家も訪れた駅です。そのことを子どもたちに言うと、「おーっ!!」。ナイスな反応。

その後はお寺の探検。事前に打ち合わせをしておいたのですが、なんとご住職が袈裟姿で登場。ホンモノのお坊さんにまたまた「おーっ!!」「カッコいい！」「神様がいる！」「神様じゃなくて、仏様だよ」「お寺は、何をするところですか？」「仏様の教えをきくところですよ」。ご住職がわかりやすく教えてくださいます。普段は入れない「結界」にも特別に入らせていただき、阿弥陀如来様も近くで見せていただきました。「やさしい顔してる」

その後は境内でかくれんぼ。お寺の境内で遊ぶ子どもたちはかわいいです。そのお寺は、２００年前に建てられたもので、その建築は素晴らしいのです。「門徒さんたちが昔から守ってくださったこのお寺に、こうして子どもたちが来てくれてうれしいです。いつでも遊びに来てくださいね」。ご住職の奥様の優しい言葉が印象に残ります。

帰ってからの子どもたちのワークシートには、「本物」を見た感動があふれていました。「おてらでは、じゅうしょくさんがくろいきものをきていました。くびからきいろいものを下げていました。かっこよかったです。おまいりのしかたもおしえてもらいました。いつもは入ったらいけないところに入らせてもらったら、ほとけさまがありました。目は少しあいていて、やさしいかおでした。またおてらに行きたいです」

■かなちゃんからのお花のプレゼント

５月30日

昨日の朝教室に行ったら、私の机の上に白い花が置いてありました。私「誰がこのお花くれたの？」。「私！」と、かなちゃん。私「ありがとう♡　どこに咲いてたの？」。かなちゃん「あのね、お家の庭。ばあちゃんが『先生に持って行っていい』って言った！」

びっくりしました、私。かなちゃんのお家は、学校から３キロメートルくらいあるんです。登校中、かなちゃんは、私にこの花をあげようと、大切に持ってきてくれたんでしょう。甘い香りのするお花。かなちゃんの手と心のぬくもりが伝わってきました。

■運動場にお絵かき　5月31日

今日はみんなで外で遊びました。地面に四角をかいて、「四角十字」。1年生のときは、私がライン引きで線をかいてあげていたのですが、今は自分たちでかけるようになって、私が外に出たときはもう始まっていました。しばらくして、四角十字に飽きて地面にしゃがんでお絵かきを始める子どもがいたので、「じゃ、次は運動場にお絵かきする？」と言ってみました。「えー、先生、運動場にお絵かきしてもいいの？」と言うので、「別に運動場にお絵かきしたらいかんってきまりはないど？　もし怒られたら、先生が代表して怒られるけん大丈夫」と言うと、「ヤッター！」

それからは、運動場というデッカいキャンバスに、ミニ芸術家たちの創作活動！「グルグル、グルグル、迷路にしよう！」「あ、ここは落とし穴」「ここはジャンプして」「ここには巨人が寝てるの」。なんだかすごい迷路。

こちらは大きなマスをかいて、「ここは教室。これは先生、そしてこれは私。《はーい》って手をあげてるの」。うーん、さすが学校の先生になりたいせいらちゃん。「AOBAKOEDAKBMODAABKDKA……」とひたすら自分の知っているアルファベット（ＡＫＢ多し）を暗号のようにひたすらかくきらりちゃん。なぜか最後にはアンパンマンの絵（笑）。面白くって、楽しくて、笑いまくって写真撮影。雨が降ったら自然に消えます。いいんです。たまにはお行儀悪いことをしても。ちなみに体育主任の先生には怒られませんでした（笑）。

■わんこのぬいぐるみ　6月5日

「先生、私が先生になったら、わんこのお人形を買う。そして子どもたちに貸してあげる」

と、せいらちゃん。

わんこというのは、うちのクラスの教室にある、白いわんこのぬいぐるみです。以前、私をかわいがってくださってた先生からいただいたものなんですが、子どもたちが元気が出ないときなどに、貸してあげるわんこなのです。

「せいらちゃんが先生になったら、お祝いに私がわんこを買ってあげるよ。うさぎさんでもいいよ」

と言うと、「ヤッター！」とせいらちゃん。

「でもね、私ＡＫＢにもなりたいんだ」

「そのときは、わんこ10個買ってあげる！」

「ヤッター！」

ホント、10個でも20個でも買ってあげる。ＡＫＢになったら、ハチマキ巻いてメガホン持って、東京ドームやら国立競技場やらどこにでも応援に行きます！

その話を聞いていたさとみちゃん、私の膝に乗りながら、「ね〜先生、私が警察官になったら、私にも買って！」

「もちろん買ってあげるよ」

鼻の下伸ばして答える私。愛人に甘えられて、お小遣いを渡す人みたいですよね（笑）。

■弱い人って　6月9日

毎日いろんなことがあります。子どもたち同士のトラブルは、毎日。そのたびに、丁寧に話を聞いて、その場で解決が私のモットー。子どもたちは、ぶつかり合って、考えて、そこから学んでいってほしいからです。

しかし、毎日何回もあるケンカや意地悪な言動の仲裁は、正直言って大変です。大人の私でも悲しくなって、めげそうになることも。子どもたちに、今日ある問いをしてみました。「意地悪する人と、される人。どっちが弱いと思う？」。子どもたちはみんな、「される人」と答えました。これなんだ。と、気づきました。これは根本から覆さなければと。「いや、違うよ。意地悪する人の方が弱いんだよ。何が弱いかって言うと、心が弱いんだ。心が強くてやさしい人は、人に意地悪はしないでしょう」

子どもたちには、ちょっと難しかったかもしれませんが、いつの間にか刷り込まれている、「おそい、ひくい、できない＝劣っている」という間違った価値観を、時間をかけてあきらめずに変えていこうと思いました。子どもたちへ間違った価値観を刷り込んだのは、大人だということも自覚しながら。あきらめないで、やっていきます。

■おひげのおじちゃん

６月11日

私の学校がある地域の教育委員会に、素敵な指導員の先生がおられるんです。私たち教員の授業の指導をしてくださる方ですが、いつもわかりやすくお話ししてくださいます。子どもたちにもとても優しくって、野菜の苗を分けていただいたりして、子どもたちも大好きな先生です。その先生が、おひげを生やしておられることから、子どもたちは「おひげのおじちゃん」って呼んでいます。

今日、きらりちゃんが話しかけてきました。「ね～先生、時々授業見に来るおひげのおじちゃんがおるじゃん」「うん、○○先生のことね」「あのおじちゃんのおひげ、本物？」

ですって（笑）。「うん、本物だと思うよ。今度《さわらせてください》って言ってみたら？　○○先生やさしいから、さわらせてくれるかもよ」「うん、わかった」「引っぱってもいいかな？」とは、ゆうすけ君。「引っぱるのは失礼だと思うよ。優しくさわらないとね」「うん、わかった」。

さあ、次回の指導員訪問でチャレンジするかな、天使たち。

■あみちゃんに助けられる　6月12日

今日の掃除の時間のことです。1年生の掃除とか給食の準備とか、結構大変なんですよ。掃除は、まだ1年生はほうきを使えないので、私1人で教室と廊下を掃かなければならないんです。今日も1人で一生懸命廊下を掃いていた私。となりの廊下を掃いていた2年生あみちゃんが、私に話しかけてくれました。

あみちゃん「藤原先生、1人でほうきをしてるんですか？」。私「そうなんだ。まだ1年生はできないからね」。するとあみちゃん、私が集めていたゴミを、何も言わずに自分のチリトリで集めてくれたんです。「ありがとう！　あみちゃん！」と言うと、「どういたしまして」と、ニッコリ笑顔。その瞬間、なぜか涙が出たんです。あみちゃんのさりげない親切が、いっぱいいっぱいだった私の心を溶かしてくれました。あまりにもうれしくて、後で2年生の担任の先生に、そのことを報告しました。その時も思い出してまた涙。私の話を聞いた2年生担任の先生も、もらい泣きしてくださって。

あみちゃん、素敵なんですよ。

■クレラップちゃん 6月18日

先週、長かった髪の毛をカットしてきたさとみちゃん。「ショートボブ」（いわゆる「おかっぱ」）が、よく似合ってかわいいです。

さとみちゃん「先生、この髪型見てお姉ちゃんがなんて言ったと思う?」。私「えー、わからん。なんて言ったと?」。さとみちゃん「こけし」

そして今日、またまたさとみちゃん。さとみちゃん「先生、昨日いとこが来て、この髪型見てなんて言ったと思う?」。私「うーん、こけし?」。さとみちゃん「あのね、クレラップちゃん」

思わずふき出してしまいました。

■「ふ」の授業 6月18日

今日は子どもたちと、近くにある温泉に入りに行きました。生活科の「公共施設の利用の仕方」と「風呂の《ふ》」の学習も兼ねて。お金を入れて、切符を買う体験もします。

女の子はもちろん私と入りますが、男の子たちには教頭先生が引率してくださいます。男の子たちは、「教頭先生の背中を流してあげる！」って、はりきっています。スクールバスの中では、「大型バスに乗ってます～♪」とご機嫌な歌も歌ってます。緊張気味に切符を買って、「お願いします」って係の方に渡して。子どもたちがいっぱい入ってきたので、他のお客様も「まあ、お勉強？」「何年生？」「かわいい」って、目を細めて見てくださいます。

みんなでカルガモの親子みたいにお風呂に入りました。もう、何というか、子どもたちが、とってもかわいくて。「親バカ汁」みたいなものが出る私。体を洗って、露天風呂でみんなでまったり♡　他のお客様から、「はきはきして、いい子たちですね」ってほめられて、みんなニッコリ笑顔。私もうれしくなりました。

上がったら、みんなでジュースをゴックン。男の子たちには教頭先生が買ってくださいました（素敵な教頭先生です）。帰ってからの学習シートには、子どもたちの感動が、いっぱい表れていました。教頭先生も、「よかね～。裸のつきあいすると、なんかまたかわいく思えるよね～」っておっしゃってくださって。全く同感です！　温泉天国ならではでしょう。

きてっをはてっ

6月19日

今日の国語の珍回答。座布団はあげたくなるけど、マル○はあげられません（笑）。

①「おおかみ（狼）」を「おうかみ」（Oh、神？）

②「じゅうぶんに（十分に）」を、「じゅぶんに」（自分に？ 誰に？）

③「きってをはって（切手を貼って）」を、「きてっをはてっ」（笑）

③など、どう読んでいいかわかりませんからね。たまに、「はしって（走って）」を「はっして」とか書いてあったりします。「わたしは」を「はたしわ」とか、悩みに悩んで間違えたりとか。ね〜、日本語難しいですよね。一つひとつ、くり返して根気よく、です。子どもたちも、「赤ちゃん《つ》（小さい《っ》のこと）わからーん！」と言いながらプリントを書き直しています。でもかわいくて、思わず心の中で笑ってしまう私です。

ぬるぬるのぬ

6月21日

昨日、図工の時間に学級園に水をまいて、泥団子づくりと泥んこ遊びをしたんですよ。最初は普通に山を作ったり型押し遊びをしたりしていたんですけど、だんだん水が多くなってきて、だんだん潟《がた》状態になりました。ぬるぬるして、泥が気持ちよくて、子どもたちは大喜び！　ビッチャンビッチャン。バチャバチャ。「ゾンビだそう〜！」

ちょうど台湾からの視察の先生が来られていて、「いい活動ですね」と、写真をパチリ！（おーっ、理解ある！）。さて、終わってからが大変。みんな外の水道で足から腕から洗ってあげました。汚れがひどい人は、その場でズボンを脱いで、水洗いの後洗濯機へ。ふと我に帰ったしゅうと君。「ママに怒られるかな……」。私「大丈夫！　ママに怒られたら、変わりに私が怒られてやるけん！」。しゅうと君「ウフフ」

台湾の先生も、「最近は大人が《汚い》って言って、こんなことをさせないんですよね」っておっしゃってました。もしその先生と同僚だったら気が合うかも♪　そして、「ぬるぬる」の「ぬ」と「る」の学習をするのです！　「あー、楽しかった」って、子どもたちの笑顔は最高でした。

■車の色は空の色　6月22日

「先生、《きつねの嫁入り》が、松井さんの車に乗ったよね〜」「うん、山猫も乗った。《山猫おことわり》って書いてなかったけん」。何のことだかわかりますか？

あまんきみこさんの童話「車の色は空の色」の話です。松井さんというタクシーの運転手さんが、色んな動物たちをタクシーに乗せるんです。そこでいつもほのぼのとした出会いがあって、楽しい作品です。これを読み聞かせしていたのは、1年生のときなんですけど、みんなよく覚えていてびっくりします。「クマのお客さんは、財布をわざと忘れたもんね」「タヌキの子どもが保育園に行った」「そうそう、しっぽが途中で出たもんね」「チョウチョの代わりにミカンを置いたもんね」

何だか松井さんの話でやたらと盛り上がる給食の時間。読み聞かせしててよかったなぁって思います。去年会った教え子さんたち（23才）も、「エルマー読んでくれた！」って、覚えていてくれて感動！　今は、「くまの子ウーフ」を読んでいます。キュートなウーフと子どもたちが重なります。もっと時間があったら、毎日読んであげたいなぁ〜。目下の悩み。

100より大きい数

6月26日

うーん……。明日の算数、どう教えるか!?　「140は、10を何個集めた数でしょう」の問題。

子どもたちにとっては、100より大きい数は未知の世界なんですよね。テストだって最高は100点。お小遣いも100円くらいで、1000円を見るのはお正月くらいかも。「100万円」とか、ものすごい金額だと思っています。お風呂で数えるのも100

までかな。と言うわけで、「100より大きい数」と格闘中の天使たち。

明日は10円玉を用意することにしました。地味〜に悩む、今夜の私。

■まさかの三角関係 7月1日

国語で、「すきなもの、なあに」という単元に入りました。自分の好きなものとその理由を、2語文くらいで書いて発表するんです。今日は、好きなものを探してメモに書きました。普段、私との関係は、本妻（お母さんのこと）公認の「愛人」であるかなちゃん。一生懸命メモを書いています。覗いてみると、「ゆりちゃんがすき」と書いてあります。おーっ、愛人である私がありながら、「ゆりちゃんがすき」とは（笑）。なんてヤキモチは妬《や》かずに、ゆりちゃんのメモを覗いてみました。

すると……「ふじわらあけみせんせいがすき」と書いてあります。ま、さ、か、の？

三角関係勃発!? 藤原先生はかなちゃんもゆりちゃんも愛してる♡

■野菜を食べられる魔法 5月22日

今日の給食の時間。パプリカが入っているサラダに、苦戦している子が何人かいます。

私「どー、先生が魔法をかけてやるけん！《サラダ食べられるぞお〜、サラダ食べられるぞお〜》」。もちろん、ハンドパワー付きで（笑）。そうしたら、さっきまで後ろを向いておしゃべりばかりしていたしゅうと君が、ニコニコしながら食べました。私「すごーい！　魔法がきいて、食べられたね！」。しゅうと君「エヘヘ」

そうしたら、「オレにもかけて！」「私にもかけて！」と、魔法希望者続出（笑）。みんな、ちゃんと魔法がかかって、サラダを食べられました。魔法をかけた私がすごいのか、魔法にかかった子どもたちがすごいのかはわかりませんが、魔法は効いたみたいです。あ、魔法じゃなくて妖術か（笑）。

教師愛人論

7月6日

昨日、廊下でみゆちゃんが言いました。「あのね、みゆね、藤原先生が好きで好きでたまらないの♡」「いやーん♡　みゆちゃん、私もみゆちゃんが好きで好きでたまらないのよ」「ね〜♡」「ね〜♪」って、2人でおててつないでイチャイチャしながら教室まで帰ったんです。

そう言いながら、みゆちゃんはお母さんを見たら、「お母さん!!」って一直線。「こんなに愛しているのに、あなたは家族のところに帰っていくのね……」って、まさにこのこと。やっぱり「教師愛人論」を執筆せなんかなぁ（笑）。

なんも言わん　7月11日

うちのクラスの天使たち。十人十色で個性的。最近りょうた君がいい味出してるんです。

（その1）りょうた君が授業中に、熱心に指をくわえています。しかも親指を除いた4本！　私「ね～りょうた君、おてて美味しい？」。りょうた君（黙ったままうなずく）。私「どんな味がする？」。りょうた君「……甘い」。そっかあ、甘いんだ（笑）。

（その2）休み時間中に、自分のシャツをめくって、しきりにおへそを見つめるりょうた君。私「りょうた君、今おへそに話しかけよったろ？」。りょうた君（黙ってうなずく）。私「なんて言いよらした？」。りょうた君「……なんも言わん」

私は密かにりょうた君は大物になるような気がしています。

三菱君のプロポーズ　7月15日

今日の昼休み中。私は少し疲れていたので、教室の隅でちょっと横になって休んでいました。教室には、たまたま三菱くんとしょうこちゃんがいて、初めて2人で遊ぶことにしたようです。しょうこちゃんが借りた絵本を、1ページずつ交代しながら仲良く読んでいました。2人の会話です。

三菱くん「ねぇ、しょうこちゃん。今度の土曜日、うちに遊びにおいでよ」。しょうこちゃん「ごめんね。その日は、お父さんと海にお泊まりに行くから、行かれん」。三菱くん「じゃあ、夏休みになったらおいでよ。お絵かきしよう！」。しょうこちゃん「いいよ」。三菱くん「やったあ！」

……かわいい♡と思いながら、寝たふりをして聞く私。しばらくして。

三菱くん「ねぇ、しょうこちゃん。オレと結婚しよう！　オレ、やさしいけん！」。

しょうこちゃん「ん〜、でもまだ早いし〜」。困惑した様子のしょうこちゃん。遠まわしに断ってました。昼休みのかわいいプロポーズは、はかなく散ったのでした。

私は、寝たふりをするのに必死でした（笑）。

■子どもナンパ　7月27日

行きつけの温泉の水風呂にて。

小学生（2年生くらい）の女の子をナンパ（笑）しました。

私「よう焼けとるね」

女の子「あのね、皮がむけた。こっち（左側）も。ポロポロってね、むけるよ」

私「どこかお出かけだったの？」

女の子「あのね、キティーちゃんのところに行った。遠いと思ったら、近かったよ。

だって、寝てたもん」
私「そうなんだ。寝てたらすぐ着くよね」
女の子「でもね、寝てたから、ご飯食べそこなった」
私「いいな～、キティーちゃん」
女の子「おばちゃんも行くといいよ」
本当。あなたみたいな人と行ったら、楽しいだろうな。

■広島の日に思う　8月6日

今日は、広島の日です。

語り部さんに、暴言をはいた生徒がいたというニュースを聞き、胸が痛みました。「課題があるのは子どもたちだけではない」。その言葉に同感します。

娘の5年生の時のことを思い出しました。娘の小学校では、5年生が米作りをするのです。それも、アイガモ農法です。アイガモたちのお世話に米作り、とにかく大変で、親も協力します。収穫した後、アイガモたちはしめてお肉にして、学習発表会の時にみんなでだんご汁にしていただきます。「いのちをいただく」体験をするのです。大変だし、アイガモたちを子どもたちの前でしめることに、抵抗があるという意見もあったそうですが、そのことにこだわって続いている行事です。アイガモしめは、親子で参加です。しめた後、親子で羽をむしって、食べられるお肉にするのです。私だって、生き物をしめる瞬間を見たことがありません。鳥の羽をむしったこともありません。

業者の方が、アイガモの急所にサッと包丁を入れられました。その瞬間。娘も、他の子どもたちも。今までおしゃべりしていた子どもたちが、その瞬間、キュッとした表情になり、黙って見たのです。誰1人、目をそらすことなく、キャーキャーと騒ぐこともなく。そして、分離器のような機械から出てきたアイガモ（あらかた羽が取れる）を、子どもたちは、嫌がることもなく、しっかりと受け取るのです。娘と2人で、残った羽を丁寧にむしりました。途中、涙ぐんだ娘でしたが、「大切にいただこうね」と言うと、しっかりとうなずきました。

私は、担任の先生に感謝しました。こんなときに、しっかりと命と向き合える子どもたちに育てていただいたことに。それって、日常から丁寧な関わりをしてくださっているからだと思うんです。そして、子どもたちの心をほぐしてくださっているからだと。

今日、広島の日のニュースを見ながら、大切な学習の場で暴言はいてしまう子どもを育てている、私たち大人の責任を感じずにいられませんでした。

【2学期】

■夏休みの絵日記　8月28日

昨日は新学期！　14人の天使たちが、学校に戻ってきました。私の車を見つけて、一番に走ってきてくれたのは、三菱くん。「先生久しぶり！」って。もう、私のハートをわしづかみにする素敵な男性（6歳）。宿題もみんながんばってました。すごい！

中でも、絵日記の面白いこと。子どもの絵日記って、かわいくて、生活のにおいがして、素晴らしいんです。いくつか紹介しますね。

・じょうくん。「おとうさんと、しょうぎをしました。ひとりでも、たくさんしました。しょうぎはおもしろいです。おとうさんにかてるようになりたいです」

・ゆうたくん「きのう、しょうろうながしにいきました。ちょうちんがさがっていました。おとこのひとたちが、ふねをはこんでいました」

中でも傑作だったのは、アスパラ王子くん。「クボタのてんじかいにいきました。1640万円のトラクターがありました。そのトラクターにのりました。そして、おべんとうをたべました」もう、素敵です。絵も傑作。お見せできないのが残念（笑）。

■先生とよばれて先生になる　8月29日

今日、かなちゃんのお母さんの連絡帳から学んだことです。「平日が休みだったので、子どもの『ただいま』が聞けてよかったです。かなは、私が家にいると、『お母さん〜！』って、大声で呼びます」。素敵な光景が目に浮かびます。「お母さん」って呼ばれるたびに、お母さんとして育ててもらってる。置き換えると、「先生」って呼ばれるたびに、先生として育ててもらってるんだ、って。

子どもから呼ばれたら、喜んで飛んでいこう。「忙しいから後にして」は言わない。クラスの子どもたちからだけでなく、保護者の方々にも育てられています。

■昔子どもだったから　年９月４日

今日の図工では、運動会に使う小道具を、子どもたちに作ってもらいました。魚と貝、そしてヒトデを紙粘土で作って色を塗るのです。見本に私が魚とヒトデを作っていると、子どもたちが言いました。

ゆきなちゃん「先生、上手ね」。さとみちゃん「先生、なんでそんなに上手に作れると？」。ゆきなちゃん「先生だけんたい」。私「なんで先生が紙粘土が上手と思う？」。子どもたち「わからん」。私「先生になったから上手じゃないとよ」。子どもたち「えーっ？

なんで?」。私「昔、子どもだったけんたい。あのね、子どものときにいろんな遊びをいっぱいしとったら、大人になってからもできるとよ。だけんね、あなたたちは今いっぱい遊んで、いろんなことして遊ばなんよ」。きらりちゃん「子どもは遊ぶのが仕事だもんね、先生!」。私「そうそう、なんでんして遊ばなん」。子どもたち「わかった!」

子どもには、ゆっくりたっぷりもっと遊ばせたいです。最近運動会の練習続きで、あんまり遊べていないので、いい時間になりました。立派な貝と魚とヒトデ32個。どれも個性的。運動会で何に使うかは、ナイショです!

■歯が取れる　9月4日

前歯がグラグラして、ずっと気になってさわっている三菱くん。
「先生、気になって気持ち悪い」と言って私のところに来ました。
「少し痛くてもいいなら、取ってあげようか?」と言うと、
「大丈夫。取って」とのこと。
実は、子どもの歯を取ってあげるのが得意な私。なんという特技(笑)。
「いち、にの、さん!」
一撃!

「取れた～！」と、他の子どもたち。

「三菱くん、よかったね！」「おめでとう！」「大人の階段登ったね！」

お友達の歯が取れたら、こうやってみんなで祝福するんです。歯を丁寧に洗って、ブクブクうがいをした三菱くん、ニッコリ！　歯はティッシュに包んであげました。

■子どもを抱きしめて寝る　9月9日

小さい子どもさんがおられる友達のSNSの投稿を読んで、小さな子どもを育てておられるママたちに、エールを送りたくなりました。もちろん私もまだまだ子育て（私の場合親育て）中なので、偉そうなこととか全然言えないんですけどね。

娘が小学校に上がるときに、シングルマザーになった私です。「1人でがんばらなきゃ」って、今思うと無理もだいぶしていたかもしれません。ある週末、私はとにかく疲れていて、ソファーで動けなくなって、娘の世話もできずに横になり、そのまま寝てしまって。ちょうど金曜ロードショーで、「レイジング・ストライプス」があってて、娘が観ていたので、テレビに子守をさせちゃったんです。ハッと気がついたときは、夜中1時くらいになってました。電気もついたまま、テレビもついたまま、そのままの格好で娘が寝ています。その姿を見て、涙が出てきました。

「この子は、まだこんなに小っちゃくて、自分で毛布も持ってこられなくて、そんな子をほうったらかしにして寝てるなんて。私……」って、自分を責めました。でもその一方で、「私しかこの子を守れないんだ。がんばらなきゃ」って気持ちも湧いてきました。お布団を引っ張ってきて、リビングで、眠っている娘を抱きしめながら寝ました。今でも思い出すと、胸がキュンとして涙があふれる、ある夜の思い出です。親子で、くっついて眠ったり、ぐずる子どもを抱っこできる時間は、ほんの一瞬。きついときもあるかもしれませんが、親子で泣いたりくっついたりしながら抱きしめ合っていたら、何とかなるような気がします。デカくなった娘に、「たまには一緒に寝ようよ」と、冗談で言っては「せまいし」と断られています。さびしい～。ママたち、どうか期間限定の「子どもが小っちゃい」を楽しんでください！　眠っている子どもの頭の匂いをかいで。

■先生は年寄り　9月9日

今日の給食の時間中。「大きくなったら、学校の先生になる！」と、ゆきなちゃんが言ってくれました。うれしい～♡　と思って、「じゃ、おんなじ学校の先生になろうね～」と言って、お互い見つめ合ってニッコリ。ちょっとラブラブな空気を2人でかもし出していました。するときらりちゃんが言いました。「でも、先生は私たちが大人になったとき、死んでるかもしれんけん！ だって、年寄りだけん！」思わず、ウワッハッハ！と笑っていたら、さらにだいご君が言いました。「いや、先生は死なんばい。妖怪だけん！」

ウワッハッハ！（笑）（笑）（笑）。もうちょっと長生きしたいな。天使たちが大人になるくらいまで。

■妖怪クラブ　9月10日

子どもたちに最近人気の「妖怪ウオッチ」。「ようかい体操第1」とか、面白いんです。昨日の給食の時間。私「私はね、『妖怪あかごなめ』なんだよ。赤ちゃんのにおいをかいで、元気になるんだ」子どもたち「本当？」私「うん。だから私の年齢は、本当は348さい」

すると、さえちゃん「いいな、先生。さえも妖怪になりたい！」。私「じゃあ、弟子になる？」。さえちゃん「なるなる！」。私「OK！」。さえちゃん「やった～！」。すると隣から。

かなちゃん「先生、私も弟子になりたい！」。私「もちろん！ やった～、弟子が2人！」「妖怪クラブ」始めました！

■本妻のいぬ間に愛人誘惑する 9月17日

かなちゃんのお母さんが、お仕事で遠くまで出張とのこと。お父さんが連絡帳に書いてくださいました。かなちゃんの音読カードには、かなちゃんの字で、「ままにあいたい」と書いてあります。かなちゃんに言いました。「ママが帰ってくるまで、藤原先生でガマンしとって。ママじゃなくて、ババばってん」。かなちゃん、「うん」と言ってくれます。かわいい♡

そして、帰りのとき。私「かなちゃん、ママがおらんとき、誰と寝てるの?」。かなちゃん「お姉ちゃんと」。かなちゃんのお姉ちゃんは、私が去年まで担任していたみゆちゃんです。私「わあ、2人ともえらいね。じゃあかなちゃん、今日は先生んちにお泊まりする? 先生が抱っこして寝ようか?」。かなちゃん「……」首をかしげて考えてます。私「かなちゃん、(ちょっと先生と一緒に寝ようかな)って思った?」。かなちゃん「うん」……って、かわい過ぎる。本妻のいない間に、愛人誘惑するの巻!

お母さん、かなちゃんは大丈夫です。お仕事がんばってください!

■お仕事しよる? 9月18日

今日の昼食のときのことです。さとみちゃんが、私に話しかけてきました。「ねぇ、藤原先生、お仕事しよる？」

私は真面目にこの質問に答えました。「さとみちゃん、今まで気づかなかったかもしれないけど、さとみちゃんたちの担任の先生が私の仕事なのよ」。するとさとみちゃんも真面目に、「へぇ、そうなんだ」との返事。

笑いを押さえるのに必死な私。つまりさとみちゃんは、お家でパパやママがいるのは当たり前で、どこかに仕事に行くことは知っているわけです。だから、私がさとみちゃんのくらしの中で当たり前に学校にいるんだから、その他の時間にどこかに仕事に行っていると思ったみたいです。私があまりにも普段楽しく子どもたちと過ごしているから、先生が仕事だと思わなかったみたいです。

何てかわいい発想！ 思わず抱きしめたくなります。この言葉は私の教師生活史上に残る名言となりました。さとみちゃん、あなたのくらしに私を自然に入れてくれてありがとう。

■学生さんが来た

９月18日

今日は、将来教師を目指しておられる、熊本大学の学生さんたちが10名、私のクラスに見学にこられました。担当の藤井先生の研究室のみなさんで、何でも授業の一環なのだそうです。朝からワクワクして、テンションが上がり気味の子どもたち。楽しくなりそうです。

まず3時間目は、体育。準備運動をして、自己紹介をして、先日の運動会で踊ったダンスを披露しました（実は、もう一回踊りを見て、評価したかった笑）。そして、こおりおにや手つなぎおに、オクトパス・タッグなどを、学生さんたちにも入ってもらって一緒に遊びました。4時間目は、算数。「3つの数の計算」に、がんばっている子どもたちの姿を見ていただきました。給食は、みんなで一緒に食べました。子どもたちもうれしそうです。昼休みには、たっぷり学生さんたちに遊んでもらって、掃除も一緒にしてもらいました。ありがとうございます！　5時間目は、国語。「おはなしきいて」で、たからものの紹介をさしました。最後は、記念撮影。さよならのときは、ぎゅうっとハグもしてもらって、ニコニコとみんな帰っていきました。

その後は、なんと学生さんたちから私への「質問タイム」。いやん♡　ドキドキ♡　私でいいの？　って感じです。最初、この話を藤井先生からいただいたときは、「私でいいの？」「大丈夫か？　子どもたち」って思っていたんですけど。教師をめざす若者たちの道は、希望へと続いてほしい（by森山直太朗）と思い直し、素直でかわいい子どもたちを、ぜひ会わせたいと思ったのです。最後に学生さんたちに伝えました。「1年生の子どもたちを抱きしめるように、私もあなたたちを抱きしめたい気持ちです」。来週も、後10名来られるそうです。楽しみです！

■大丈夫？ 9月19日

今日、給食の準備をするために、子どもたちが廊下に並んでいました。そのそばを、食器を抱えた1年生が通っていたのですが、急いでいたみたいで、あわててころんでお箸やお玉、しゃもじなどを落としてしまいました。「パシャーン！」と音がして、1年生も膝をついています。「あっ」と、私が言いかけて近寄ろうとした瞬間。

「大丈夫？」と、数人の2年生が近寄って、1年生を助けに行きました。「お箸、洗ってあげる」「お玉も」「（食器）持てる？」。その行動の素早いこと！ テキパキとお箸を洗って（何人かで手分けして）、濡れたままだと使いにくいだろうと、ティッシュで拭いて。

なんか、感動したんですよ。初めに出た言葉が、「大丈夫？」ですからね。転んだ人を、「ドジだね～」と笑いにする子も、「何やってるのよ～」と責める子も、誰もいなかったのです。そのあとは、普通に自分たちの給食の準備をして。この投稿書きながら、今思い出しても涙が出そうです。天使たちが、あったかくてホント、自慢なんです。うちのクラスの天使たち。

■3つのかずのけいさん 9月20日

算数の時間。「3つのかずのけいさん」で、4たす5ひく2になる問題づくりをしました。

子どもたちの想像の翼がひろがります。

（しょうこちゃん）「ねこが4ひきいます。5ひききました。2ひきかえりました。ねこはなんびきのこっていますか」。ねこ好きのしょうこちゃんらしい♡

（はるくん）「くるまを4だいもっています。5だいかいました。2だいうりました。くるまはなんだいのこっていますか」。どんだけお金持ち⁉　どんだけ車庫広い⁉

最後は、（のんちゃん）「いえが4けんあります。5けんたちました。2けんこわしました。いえはなんけんのこっていますか」。……すごーい！　と思っていると、それを聞いていたはるくん。「先生、家が建ってから何年たったと？」。はるくんもすごい！

算数の問題1問の中で、50年くらいたってるかも（笑）。

■ママと結婚する　9月22日

今日の帰り際、とうま君が私に話しかけてきました。「ねぇ、先生、オレが誰と結婚するか知ってる？」「いやあ、わからんね～。誰と結婚すると？」。するととうま君、ちょっと自慢気に、「あのね、オレのママ」
かわいい♡　愛されてます。お母さん！

昆虫少年　９月25日

夏休みに草原再生プロジェクトの研修に行ったとき、その講師の先生が、「一番の絶滅危惧種は昆虫少年です。虫取り網を持って野山を駆けめぐる少年がいなくなっています」と、話されました。なるほどなぁって思ったのですが、私のクラスにこんな少年がいるんです。

夏休み、ゆうすけ君の家に行ったとき、彼はじいちゃんに作ってもらった網（頭が取れた鍬の棒に針金をつけて網をつけたもの）を使って、トンボ捕りに興じていました。私の車を見つけて、元気に駆け寄ってきたゆうすけ君、「先生、トンボば捕りよる！」と、見せてくれました。ランニングと半ズボンの間から、トンボを３匹手に取って、私に差し出しました。そのトンボ、見事に羽が曲がっていました。それもそのはず、ゆうすけ君のパンツに挟まれていたんですから。

「わぁ！　よくとれたね！　ゆうすけ君、すごい！」と言うと、照れて笑います。ゆうすけ君は、後でちゃあんとトンボを逃がすつもりだったんです。だからからだじゃなくて、羽を挟んでいたんですよね。「これ、じいちゃんが作ってくれた」と、網も見せてくれました。「じいちゃん、すごいね」と、言うとまた笑顔。前歯のない、日焼けしたゆうすけ君の笑顔は、輝いていましたよ。ゆうすけ君、じいちゃん、かっこいい！

■ガブガブされたい人たち　9月26日

今日、給食を食べ終わったしゅうとくんが私のそばに近寄ってきたので。「つかまえたっ！」って、足でカニ挟みにして。そのまま、「いただきます！」って、ガブガブガブガブ（笑）。もちろん、本当にはかじりませんよ（笑）。「妖怪だあ～！　食べちゃうぞ～！」って。しゅうとくん、キャハハと笑います。

それから。予想はしていましたが、「ガブガブされたい人の列」。かわいい♡

一通り終わったころ、ゆりちゃんが給食を食べ終わりました。私「ゆりちゃん、こっちにちょっと来て♡」と、手まねき。ゆりちゃん「ヤダァ」。私「何もせんけん、ちょっと来て」。ゆりちゃん「本当のこと言って！」。私「ゴメン、ちょっとだけガブガブするけん、こっちに来て」。ゆりちゃん、ちゃんと来てくれましたよ。ごちそうさま♡

■だいご君語　9月26日

今日のだいご君語。「先生あのね、この人がボールけってこっちの人にドカーンて当たって、鼻血がプププって出てツルってすべって倒れて、ボールがまたこっちに飛んで行ってボギャーンてなってピーポーピーポー来て、運ばれてね、イヒイヒイヒッ！」

……何のことかわかりますか？　プリントの裏に描いた自分の絵の話を、私にしてくれているんです。あんまり自分が考えた話が面白すぎて、最後には自分で笑っちゃったんです。話しているときのだいご君の楽しそうなこと！ いっぱい想像の世界が広がっているんですね。

私は、子どもたちの話はしっかり聞こうと心がけています。だって、面白いんです。仕事をしていても、手を止めて話を聞きます。「だいご君、これ全部自分で考えたの？ すごいね」と言うと、「ウン！」と言ってご機嫌で席に戻ります。子どもたちの話をよく聞くようにしていると、子どもたちはどんどん話してくれるようになります。「この人は話を聞いてくれる！」と、思ってくれるのか、時にはちょっぴり悲しかったことなども、ポロッと言ってくれるようになります。だいご君の話だって、わずか1分くらい。それくらい、忙しくても時間は取ってあげられますよね。

私は子どもたちとのヒミツの話、いっぱい知っています。ヒミツなので、ここにも書けませんけど。

■空耳アワー2連発 9月27日

（その1）国語のテストの珍回答。「レンシレンジ」「レーンレンシ」……何のこと？

正解は、「電子レンジ」でした。漢字を使って説明すると、「そうだったんだ！」と納得した様子。他にも、「リーブイリー」（DVD）、「だくら」（ラクダ）などあり（笑）。「Yes、I do」は、「イエス、アイ、ルー」（大柴？）

（その2）給食のメニューを見ていたさとみちゃん。「先生、今日は《ふわふわスパゲッティー》！」「ん？」と思ってメニューを見てみると、「わふう（和風）スパゲッティー」。「ふわふわスパゲッティー」食べてみたい！

■タンポポのお見舞い　9月30日

今から15年くらい前の話です。私はその年2年生を持ち上がって担任させてもらうことになりました。2年生になって、新しいお友達が転校してくることになりました。さと子ちゃんです。ところがそのさと子ちゃん、慣れない気候のせいか、春休みにインフルエンザになって、始業式に来られなくなっちゃったんです。

新しいお友達を楽しみにしていた子どもたちはがっかり。その様子を見て、さと子ちゃんの家に近所の子たちでお見舞いに行こうかと提案しました。子どもたちは、二つ返事でOK。約束の時間は5時。お見舞いはタンポポの花を摘んで行こうということになりました。約束の時間に集合場所に私が車で行っていると、手にいっぱいのタンポポの花束を持った子どもたちが7、8人走って行っている様子が見えました。私が車を停めると、「先生、タンポポいっぱいあった」と、ハアハア言いながら見せてくれました。中には弟に付き添って、3年生のお姉ちゃんも1人来てくれてました。

さと子ちゃんのお母さんに事情を話しましたが、まだ熱が高いので起きられないとのこと。子どもたちにうつしてしまうといけないので、私がさと子ちゃんのお部屋に行き、お友達が来てくれていることを話して、タンポポを渡しました。「みんなで楽しみにして、さと子ちゃんを待っているから。元気になったらおいでね」。真っ赤な顔をして、苦しそうなのに、さと子ちゃんはタンポポを受け取ってくれました。

次の日、さと子ちゃんはまだ熱が高いのに、学校に行くと行って、お母さんを困らせたとのことでした。もちろん、登校は熱が下がってからになりましたけど。現在さと子ちゃんは、もうすぐママになるとのこと。見舞いに行ってたみーちゃんも、ママになっています。みんな素敵な大人になってるけど、私の中ではあの頃のかわいいちっちゃいみんなのままです。また集まれたらいいなぁ。

■マッサン　10月1日

今日、じょうくんがこんな話をふってきました。じょうくん「先生、(TVで『マッサン』)が始まったもん。あのね、マッサンは外国人の人と結婚したけど、お母さんがダメって言いようすと」。私「そうそう。マッサンね。じょうくんは、その結婚についてどう思う?」。じょうくん「オレはね、許してやればいいと思う」。私「私もそう思う」。じょうくん「外国の人と結婚してもいいもん」。するとと、他の子も。みいちゃん「結婚してもいい!」。のんちゃん「外国の人と結婚するってすご一い!」。時代背景その他は、特に説明はしませんでしたけど、子どもたちにはこう伝えました。「みんなも、好きな人と結婚してね♡」

泉ピン子さん、子どもたちもこう言ってるんですから、マッサンとエリーさんを許してあげてください!

■ゆうすけ君、東海大学に行く 10月1日

今日は、学校の近くにある東海大学農学部に、子どもたちと一緒に見学に行きました。私も初めて行ったのですが、広い敷地に温室、畑、果樹園、ジャージー牛や羊などの家畜など、まさに「本物」がいっぱい! 朝から興奮気味だった子どもたちでしたが、キャンパス内に入ると、テンションMａｘ! 温室のパイナップルやパパイヤ、バナナに歓声。コスモスやねこじゃらしで遊んで草笛吹いて、風に飛ぶ種の模型を作って実験。サツマイモを掘って、ブルーベリーを試食、巨峰のお土産もいただきました。

みんな大喜びでしたが、中でも昆虫少年ゆうすけ君は最高に喜んでいましたよ。図鑑を片手に講師の先生の話を食い入るように聞き、目をキラキラさせて学んでいました。

帰ってきてからの日記には、「とうかいだいがくにいきました。ぶるーべりー。きうい。ぶどう。ぼくはだいがくにいきたいです」と、書いてありました。ゆうすけ君、あなたならきっと大学も大歓迎してくれると思います！　大学で本物の授業。とってもぜいたくな1日でした。東海大学のみなさま、ありがとうございました。

■絵本の読み聞かせをしています

10月2日

絵本の読み聞かせをしています。本当は毎日読んであげたいけど、今は時間を見つけながら読めるときに読むくらいですが。低学年の担任のときは絵本中心ですが、高学年になるとちょっと長い本を少しずつ読むこともあります。絵本って、子どもたちとコミュニケーションを取るのにすごく役に立つんですよね。私の話にまったく興味を示さなかった子どもが、読み聞かせに興味を持ってくれてから授業を聞いてくれるようになったこともあります。

娘も赤ちゃんのときからよく絵本を読んであげていました。「ぐりとぐら」や「バムとケロ」シリーズにはすごくお世話になりました。今は読んであげられなくなってちょっとさびしい……と思っていると、担任している子どもたちが喜んで聞いてくれます！

今日は、「いいからいいから」と言う絵本を読みました。長谷川義史さんの作ですが、それに出てくるおじいちゃんが最高なんです。今日は、せいらちゃんのリクエストでした。子どもたちのリクエストにはなるべく応えるようにしています。他には、自分としては「どんなにきみがすきだかあててごらん」「せかいはいったいだれのもの」「いのちをいただく」などは好きです。たまに主人公が乗り移ります。

■うんていからのジャンプ

10月3日

最近の体育では、かけっこやリレーをした後、うんていや登り棒、ジャングルジムなどをしています。1年生のときはできなかったことが、できるようになっていて、成長を感じます。

おとといい、りょうたくんがうんていを最後までできるようになりました。とってもうれしそうです。「先生、豆がつぶれた」。見ると、両手の手のひらに豆が7つ！　そのうち5つがつぶれています。痛そう！　でも、泣かなくってエライです。「りょうたくん、この豆、給食のおかずにしようか？」と言うと、フフフと笑ってくれます。

保健室の先生が、グルグル巻きにテープを貼ってくれました。「豆はがんばった勲章よ」って。ホント、りょうたくんがちょっと内村航平に見える！ 今日の体育では、「ちょっとお行儀悪いことをしようか」と言って、うんていの上から飛び降りさせてみました。「先生が見てるときだけね。もちろん、やりたい人だけでいいから。無理しなくていいよ」って。子どもたちの運動している様子を見ていると、これくらいは大丈夫だろうとわかったんです。うんてい得意のゆうすけくん、だいごくん、きらりちゃんが、ピョンと上手に飛び降ります。るなちゃんもチャレンジできました。「やった！」ってうれしそう。

ちょっと高いところ（本当は1メートル70センチメートルくらい）から飛び降りるって、ドキドキするんです。でも、ちょっと勇気を出して飛び降りたとき、ちょっとお兄ちゃんお姉ちゃんになった気がします。私も子どものときそうでした。その後、とうま君とりょうた君がチャレンジ。大人の階段登れました。かっこいい！

■四角十字

10月4日

今日は体育で鉄棒をしたあと、5分ほど外遊びをしました。「四角十字」というものですが、グラウンドに棒きれで線を引いたらすぐできます。子どもたちにはたっぷりの遊びが必要だと思います。それも群れて遊ぶ遊びは、色んなことを学べるチャンスです。ルールを守る。作戦を立てる。状況を瞬時に把握して動く。負けを認める。失敗しても次に生かす。一緒に遊ぶ友達を思いやる。協力する。そして体を思い切り動かして楽しむ……、いっぱいあります。子どもたちは子どもたち同士で、一緒に遊びながら学び合うんだなぁって、教えてくれます。

私はなるべく、子どもたちの間に入らず、子どもたちの持っている力に任せようと思って見ています。鬼にタッチされて、プンとすねたある子に周りの子が話しかけていました。「○○ちゃん、そぎゃんプンプンせんでいいたい」「そうそう、こぎゃんゲームだけん」「次、またすればいいたい」……お見事！

■忍者修行 10月7日

今日の体育の時間。みんなで「忍者修行」をしたんです。

①「ケンパの術」床に置いたフラフープをケンケンパして跳ぶ。

②「ジグザグの術」三角コーンをジグザグに走って行く。

③「忍者ダイビング」走り高跳びのマットに向かってダイビング。頭から。

④「忍者ジャンプ」肋木《ろくぼく》に登り、上にタッチをしたら、そこから下に飛び降りる。

もう、ちびっ子忍者はやる気満々。特に、③のダイビングは、みんな大喜び。約束したわけじゃないのに、ちゃんと忍者のポーズで走ってきます。楽しすぎて、「グェッフェッフェ！」って、よだれを垂らしながら笑ってしまうんです。走り高跳び用のマットを押さえている私は、子どもたちのうれしそうな笑顔を見て、とっても幸せでした。

たまにはね、いいんです。ちょっぴりお行儀悪くても、ちゃんと見守っていますから。

「高いところから跳べて、うれしかった」「ケンパが速くできるようになった！」「今度は、肋木を横渡りする術をしたい！」。いいぞ！　忍者の天使たち♡

■阿蘇さん

10月9日

今日の国語の時間に、「山」の漢字を練習したんですよ。

私「山はね、『さん』とも読むとよ。『阿蘇山』って言うでしょ」すると。まよちゃん「そうばい。『藤原さん』とか、『朱美さん』とか言うもんね」。私「ん？　もしかして、『阿蘇さん』って思ってた？」。まよちゃん「うん♪」。私「あー、それがね、『阿蘇山』の『さん』は、名前を呼ぶときの『さん』じゃなくて、『山』って意味なのよ」。まよちゃん「ええっ！　そうなんだ！」

すると。はるくん「あ、僕もね、前はそう思ってた。まよちゃんと同じ！」。ありがとう、援護射撃♡　私「でも、素敵な間違いだよね。何だかやさしく聞こえるよ」。まよちゃんとはるくん、ニッコリ。

きっと、お山も「阿蘇さん」とか「富士さん」とか呼ばれたら、うれしいですよね♡

■見学遠足

10月10日

昨日、隣の町まで天使たちと見学遠足に行ってきました！

やっぱり！　なかなかの珍道中（笑）。天然炸裂でかわいかったです。まずは電車の旅。電車はピンクでかわいい♡　中はハロウィンの飾りがしてあって、子どもたちは大喜び。乗り合わせた女の人にドキドキしながらインタビューをしたりしています。せいらちゃんがなかなか積極的です。スーパーでは、お買い物体験。3つの班に分かれて、カートを押してお買い物へGO！　「走らなくていいよ」「あわてないで、時間はゆっくりあるから」「わかんなかったら、お店の人に聞くといいよ」って言って。

子どもたちのお買い物（おつかい）の内容もさまざまです。「弟（赤ちゃん）の離乳食用のリンゴ」「じいちゃん（仏壇）にあげるおまんじゅう」「カレーのルーを買って、ママと作る」みんな真剣。一生懸命探しています。「あ、このルーの方が安いよ！」「そのジャム大きいから、こっちにしたら？」ちゃんと相談しあっています。素敵です。お会計では、ちゃんと持参したエコバッグに品物を大切に入れてました。お釣りを、「チャリーン、パラパラパラパラ」も何人か。小銭って難しいです。一階でおつかいがすんだ後は、残ったお金で自分の買い物をします。折り紙や消しゴム、自由ノートやハンカチなど。残ったお金で買い物をするのは、子どもたちにとっては結構難しいみたいです。あとどれくらい買えるか、何と何が買えるか、とか。なぜか、500円の所持金で、514円分を買うという、ミラクルをおこした人もいました！　もちろん、差額14円は私が立て替えて出世払いにしてもらいました。「初めて1人でお買い物した！」と満足そう。

お買い物とかも、自分でできるように練習も必要だと思いました。やさしく接してくださった、スーパーの方に感謝です。

■子どもの言葉は大人の鏡　10月11日

子どもたちの会話から。

（その1）給食の準備のとき、お汁がちょっぴりこぼれて、トレーがぬれてしまった子がいました。「誰～？　こぼした人？」と言っているその子に、まよちゃん。「大丈夫！拭《ふ》くといいけん。心配せんでもいいばい。はい、ティッシュ！」

（その2）お友達が泣いている様子を見て、かなちゃん。「どうしたね～。泣かんでいいばい。よしよし」と言って、その子を抱きしめよしよし♡　……びっくりした～。2人とも、私の口癖そっくり。「子どもは、大人の鏡」。

よく観察されてるなぁ〜。マイナスな言動をしないように、気をつけよう！

■健康観察　10月14日

毎朝、健康観察をします。

名簿順に「〜さん」と、私が呼び、子どもたちは「はい！　〜です」と、自分の体の調子を伝える、朝の恒例行事です。私は必ず、一人ひとりの顔を見て、表情なども確かめます。

だいたい「はい、元気です」が、多いんですけど、ボーイズの間では、こんな返事が流行っています。

「はい！　超超超元気です！」

「はい！　超超兆兆、億万元気です！」

「はい！　無限元気です！」

最近は、

「はい！　無限無限無限無限無限、超元気です！」

君たちの元気を分けて欲しい♡

ボーイズのキュートな笑顔が、私の癒しです♡

■ダイソー（百円ショップ）親子 10月17日

さっき、ダイソーで子どもたちのノートを探していたときのこと。となりでお父さんと小学生の息子さんがノートを探しておられました。「どー、どんノートがよかとか。こぎゃんこまかマスでよかとか。お父さんなわからんぞ」「いや、わからん」

どうも、迷っておられる様子。声をかけました。「ノートを探しておられるんですか？何年生ですか？」「３年生です」と、息子さん。いかにも元気よさそうな男の子。お父さんは、いかにもガテン系。「３年生だったら、かけ算とかあるから、このマスが使いやすいですよ。国語は15マスくらいが大きくて書きやすいかもしれません」「そぎゃんせー。お前、字の汚なかけん、太う書け。小学校の先生ですか？」「はい」「よかった〜。おら、わからんけん。助かりました」

素敵なお父さんでした。息子さんのノートを一緒に悩んで探してくれて。ノートにも、親さんの愛情がこもっているんですね。息子さんも、明日からちょっぴり丁寧に文字を書かれるでしょう。ほっこりしました。

■ブンブン回してもらいたい人 10月17日

今日の体育の時間。くじらぐもが出てきそうな青空の下で、みんなで鉄棒の練習をしました。

しゅうと君が、初めて逆上がりが出来たんです。

「やったねぇ！」って、抱っこしてブンブン回してあげました。ニッコリ笑顔のしゅうと君。他の子どもたちも「よかったね～」って。子どもたちのこんな顔を見られるって、本当に先生って素敵なお仕事です。その後何があったかと言いますと。

マイ・エンジェルスのファンのみなさまは、ご想像がつくと思いますが。そうです。

「ブンブン回してもらいたい人たちの列」（笑）。

回してあげましたよ。14人。

最後の方は、どぎゃんかなるかと思いました。しばらく休憩の私。子どもたちも、練習休憩して「鉄棒鬼」。子どもたちの力って、本当にすごいです。

■あのね、好き

10月18日

今日子どもたちが帰るときのこと。「さようなら」のハグのとき、るなちゃんが私の膝に乗って、耳元でこう囁いてくれました。

「あのね、好き」……鼻の下伸びずにいられましょうか。「私もるなちゃんが好き」って囁きました。

■空耳アワー②　10月18日

1年生ならではの空耳アワー。

（その1）給食で昨日納豆が出ました。「ネバネバしてる食べ物って、体にいいんだよね～」と言う私に、とうま君が反応しました。「そうそう。ネバネバ体にいいとばい。イクラとか」……とうま君、それオクラ。

（その2）おにぎり作りのために、「明日、お米1合持ってこなんよ」と、連絡しました。みゆちゃん、帰ってからお母さんにはりきって言ったそうです。「お母さん、明日《おこめ》と《いちご》持っていかなん！」……最高！

■東海大学見学 2回目　10月18日

先日子どもたちと、再び東海大学農学部に行きました。同じ地域にある大学のご好意で、毎年1、2年生の子どもたちが、大学の先生にお勉強を教えていただいているのです。今回もH先生のご指導のもと、森を探検して樹木や葉っぱ、木の実について教えてもらったあと、今回は馬を見せていただきました。馬術部が全国大会に行くという、東海大学農学部。サラブレッドが6頭！　美しい～♡　本物の馬を見て興奮した子どもたち。次は種の模型作りをしました。パラシュートにして二階から落とします。これが面白いんです！　最後は果樹園見学。ブドウとリンゴはお土産にいただきました。

帰ってからの子どもたちのお手紙には、感動したことがいっぱいです。「ブドウの種類がいっぱいありました」「リンゴは日に当たって赤くなることがわかりました」「ドングリは種だということがわかりました」。中でもみんな書いていたのがこの感想。「大きくなったら、東海大学に行きたいです」

東海大学のみなさま、十年後よろしくお願いします！　近くにこんなに素敵な環境と、素敵な大学があって幸せです。友達のよしえさんにも会えて、ゆうすけ君を紹介できてうれしかったです。よしえさん、またお会いしましょうね。

（※彼女は卒業して、高校の先生になっています。）

■お大事にね　10月19日

今日給食中に娘の中学校から電話があり、具合が悪いので迎えにきてほしいとの連絡がありました。あわてて子どもたちに事情を話し、あせって帰ろうとする私に、ゆきなちゃんが声をかけてくれました。「お大事にね」

何てやさしい心でしょう。それを聞いて他の子どもたちも、「お大事にね」と言ってくれました。最近涙腺弱くなっちゃって、車の中で泣きながら娘を迎えに行きましたよ。娘は胃腸炎で、食べられないので点滴してもらいました。ゆっくり休ませます。

■フレーフレーふうちゃん　10月19日

先日、休み時間のこと。ボーイズが3、4人で、運動会のときの応援団の真似をしています。「ふうちゃんの〜　けんとうを　いのってぇ〜　フレー　フレー　ふ　う　ちゃん〜！　フレー　フレー！　ふうちゃん♡　フレー　フレー！　ふうちゃん♡　ばんざーーーい！　おー　ふうちゃん♡」。ハムスターのふうちゃんを、応援してる。しかも、振り付きで。もう、たまらないぞ、ボーイズ♡

明日は月曜日。ボーイズの応援を、あなたにもおすそ分けします。

■サンダル事件　10月20日

朝教室に向かっていたら、「ふじわらせんせい〜！」と、私を呼ぶ大きな声。子どもたちが集まって、私のところに向かっています。

一大事。だったんです。「あのね、○○君がね、サンダル履いてきた！」。見ると、泣きそうな顔の○○君。「どうしたね。自分で言ってごらん」「あのね、間違えてサンダル履いてきた」「そうだったと。『しまった！』って思ったど」「うん……」「大丈夫。心配せんでもいいばい。そぎゃんことで叱ったりせんけん。明日から気をつけるといいけんね」「うん」。ちょっと笑顔。

その後、子どもたちにたずねてみました。私「もしかしたらみんな、『○○君が間違ってサンダル履いてきたけど、先生叱らんでね』って、言いたかったと?」。かなちゃん「うん、○○君が泣きよったけん、『大丈夫よ。間違うことは誰でもあるけん』って言いよったと」。はる君「あのね、○○君が泣きよったけん、『正直に言ったら先生は怒らんけん、一緒に行ってやる』って言ってね、行きよったと」……、たまらんです。朝からマイエンジェルスに、ズッキュン♡♡♡　いい人たちです。ホント。

■ヤンマーくん

10月21日

昨日の朝早く、母が私を呼ぶ声が聞こえて、下におりて行きました。すると、「ドングリ拾いに行こう!」とはりきっている母。そういえば、犬の散歩中にドングリを見つけたから、拾いに行こうと前の日約束していたんです。

「ドングリコロコロどんぶりこ〜」と、鼻歌を歌いながらご機嫌で歩くチャーミングな83才の後をついて行くと、ありますあります、たくさんのドングリ。

10分くらいで、バケツいっぱいのドングリを拾えました(^-^)

ドングリを見ていると、前の学校で出会った一人の男の子を思い出しました。

２年生だったその男の子。当時の担任の先生の話によりますと、1年生のとき、「や」と言えば「ヤンマー」、「い」と言えば「イセキ」、「く」と言えば「クボタ」と答える農業少年。彼のエピソードは山ほどあります。私は担任ではなかったのですが、彼に会うのが楽しみで、学校に行っていたと言っても過言ではないくらいに魅力的な子どもでした。彼のことは「ヤンマー君」と呼ぶことにしましょう。ヤンマー君のエピソードはぼちぼち紹介することにします。

去年、学校の近くの動物園に写生大会に行きました。ヤンマー君はいろんな動物がいる中、「あか牛」を選んで描いてました。さすが。

写生大会が終わって、バスを待っている間、子どもたちはドングリ拾いを楽しんでいました。

ヤンマー君ももちろん拾ってきました。

「いっぱい拾ったね～」と言うと、ゴソゴソと選んでいます。そして、

「はい、これ先生にやる」

そう言ってくれたドングリは、ヤンマー君が拾った中でも一番大きくてきれいなもの。

「いいの？　こんなにいいドングリ」と言うと、

「よか。先生にやる」ですって。

いやーん！　惚れてしまいそう！　私のハートをガッツリつかんだヤンマー君でした。

よか男になるぞぉ！

■ヤンマーくんのエピソード　10月22日

ヤンマー君のエピソード。担任ではなかったので、そのときの担任の先生から聞いたことも含みます。

（その1）国語の時間に、好きな本の紹介をすることになりました。みんな好きな絵本を選んで紹介している中、ヤンマー君が持ってきたのは「米」という本。「この本には、米のことが書いてあります。このページには、米作りの1年が書いてあります。米作りのときに使う機械も載っています。みなさん読んでください」。米作りの本、その後クラスで大人気。

（その2）音楽の時間、リズム打ちをしながら、言葉を乗せていくという学習でのこと。「タン、タン、タン」に合わせて、「う、さ、ぎ」とか「お、は、な」とかいうんです。ヤンマー君の番になりました。「タン、タン、タン、タン」「お、こ、め」「タン、タン、タン、タン」「T、P、P」

（その3）「先生、オレ今日パンフレット持ってきた！　どれが好き？」。ヤンマー君が持ってきたのは、ヤンマーとかクボタとかの農業機械のパンフレット。それも10冊以上。よくランドセルに入ったものです。「これ」と指さすと、ものすごく詳しく説明してくれるんです。「これはね、ヤンマーの新型。ここんところのミラーの部分がちょっと変わったと。フロントガラスもついとるけんちょっと高かとたい」。すごーい！　すぐにでもセールスできそう！　他の子どもたちも声をかけます。「ヤンマー君、パンフレット見せて～」「よかばい、貸しとくけん」

（その4）「先生、今日、TPP反対の決起集会がありよっとたい。オレ、行きたかったけん、しんせきのおっちゃんにたのんだら、『お前は学校があるけん、学校に行け』てたい。あーあ、行きたかったなぁ～」

もう、素晴らしいの一言でしょう。ヤンマー君がどうしてこんなに輝いているかと言うと、彼を取り巻く環境の素晴らしさがあるんですよね。ヤンマー君がヤンマー君らしくいられるようなクラスを、この担任の先生は作っておられました。ヤンマー君の個性を大切にして、他の子どもたちにも伝えておられました。何より、担任の先生がヤンマー君との会話を楽しんでいました。周りの子どもたちも、ヤンマー君の素敵なところを認めています。「ヤンマー君は、農業のこと、何でも知ってる」って。親御さんも素敵です。いちごができたら、「クラスのみんなに持って行け」って、4パック箱に入れて持たせてくれて。子ども用の作業ツナギを買って、ハウスに連れて行く。

みんなから愛されて、ヤンマー君はすくすく育っていました。このままでいてほしいなあって、願っています。

■ふうちゃんの育ての親

10月24日

「先生、今日はふうちゃんの小屋のお掃除の日ですよ」と、しいなちゃんが教えてくれました。「そうだったね」と、昼休みに当番の子どもたちがお掃除。しいなちゃんは、当番ではなかったのですが、「こうするといいよ」って、お友だちに教えています。しいなちゃんは、いつもふうちゃんのことを気にかけてくれています。みんながいなくなった教室で、静かにゆっくりふうちゃんに話しかけている姿を見て、とってもあったかい気持ちになりました。

最近は、ふうちゃんもしいなちゃんの声を覚えたのか、しいなちゃんが話しかけたときだけ出てくるようになりました。「本当は、自分でも飼いたいと言ってたんです。だから、教室にハムスターが来て、とてもうれしいみたいです」とお母さんもにっこりして話をされます。しいなちゃんは、ふうちゃんの育ての親になってくれそうです。

しいなちゃんの夢は、「こうのとりのゆりかごの病院で働くこと」なんです。きっとすてきな看護師さんになれます♡

■おひげをさわる 10月25日

先日、私の学校の地域の教育委員会の学校訪問がありました。朝からそのことを子どもたちに伝え、お客様が授業を見に来られることを伝えました。きらりちゃん「先生、おひげのおじちゃん来る?」。私「うん、来られるよ」。「おひげのおじちゃん」とは、村の教育委員会におられる、私たち教師の指導員の先生のことです。

きらりちゃん「あー、私、おひげのおじちゃんにお願いしたいことがある」。私「あら、それならおひげの先生に伝えておくね」。その先生に、2年生がちょっとお願いがあるということを伝えると、「わかりました。後からでいいですか?」とおっしゃいました。

5時間目の授業の最後の方で、教育委員会のみなさまが参観されました。ドッジボールが盛り上がり、振り返りをして無事に授業は終了。挨拶をして終わりました。きらりちゃんを先頭に、子どもたちがその先生のところに駆け寄りました。きらりちゃん「おひげのおじちゃん、お願いがあります!」。先生「はいはい、何かな?」。きらりちゃん「おひげを、触っていいですか?」。その場におられた教育委員会のみなさま、大爆笑。「かわいい

♡」

その先生は、「はいどうぞ」って、触らせてくださいました。みんな代わる代わる、そしてそうっと触っています。子どもたちも先生もニッコリ。

教室に帰ってきらりちゃん。「あのね、先生。あのおひげ、本物だった！」

■落とし物　10月31日

子どもたちには、大人がびっくりするような力があるんです。中でもすごいのは、嗅覚です。体育服とか落ちていると、ひろって「クンクン」。「あ、これ○○ちゃんの」とか言って本人に渡します。百発百中。

今日も落とし物をひろって、早速「クンクン」。直後に、「うわあ！」って叫び声。落ちていたものは……脱ぎ捨ててくるくるになった靴下。それは、叫びたくなるはず（笑）。

■みゆちゃんころぶ　11月6日

今日、体育の時間にボールを持って走っていて、豪快に転んだみゆちゃん。それはそれは豪快に泣き始めました。「うわーん！　うわーん！　うぇっく、うぇっく、うぇっほ、うぇっほ。……（この繰り返しでエンドレス）」。その声は、廊下から職員室にも響き渡りました。

ゆきなちゃんが心配して保健室に連れてきてくれて、お薬をつけてあげることにしました。見事にかすり傷。「わぁ！　みゆちゃん、上手に転んだね〜！　上手に転んだけん、ちょっとの大ケガですんだよ。ほら、血も出とらん。テープも貼らんでよか。黄色いお薬つけておこうか。すごーい！」と、言うと、「もう、痛くなくなった」と、笑顔。よかった、よかった、と教室まで手をつないで帰りました。

まだ、続きがあるんです。ちょうど給食の時間で、みゆちゃんは台ふき係なんです。すると、同じ台ふき係のりょうた君が、1人でテキパキと台を拭《ふ》いています。みゆちゃんが言いました。「今日は、りょうた君が《みゆちゃん、今日はオレが拭いとくけん》だって」「りょうた君、カッコいい〜！」と言うと、他の子たちも「りょうた君、カッコいい〜！」と、大絶賛。

いつも、クールなりょうた君なんですけどね。その時は口の端を2回ヒクヒクさせてちょっとうれしそうでした。友達のピンチに行動できるって、カッコいい。

■ひやきおうがん

11月6日

今日は、朝からみゆちゃんがグズグズと機嫌が悪かったんです。ちょっと話しかけると、涙がポロポロ。私に抱きついてきて、「せんせいがいい」

私からくっついて離れないので、授業中もみゆちゃんと手をつないだまま進めました。他の子どもたちには、「今日はみゆちゃん、調子が悪いから、私のそばがいいんだって」と、説明して。

休み時間も私から離れず、お膝に乗せてプリントの丸つけ。トイレにも更衣室にもついてくる、見事な「後追い」。

体育の時間にボール投げをして、ちょっと調子よくなってきたかなぁ～と思っていたら、チームの他の子ともめてまた号泣。……振り出しに戻る。

「じゃあ、今日は特別に給食を先生のそばで食べようか？」と言うと、ご機嫌になりました。

あー、よかった。と、思っていたら。

突然、「うわーん！　みゆちゃんがおらんと寂しい～」と、今度は隣の席のゆきなちゃんが泣き出しました。

どうも、一日中みゆちゃんが私を独占しているので、ちょっと寂しかった様子です。

「じゃあ、ゆきなちゃんもおいで！」と、机を私の横に引っ張ってきました。

これで一件落着。２人はニコニコしながら、給食を完食しました。このことを放課後に２年生担任の先生に話すと大爆笑。

「そら～、うちのじいちゃんなら《ひやきおうがん》ば飲ませらす。癇《かん》の虫が起きとる、って」とのこと。

《ひやきおうがん》（字がわからないけど）教室に買っておこうかな。←冗談です。

でも、「せんせいがいい」って言ってくれるんだから、いっぱい甘えさせてあげようと思います。

■素敵な校長先生

11月7日

今日は、うちの学校の素敵な校長先生を紹介します。

今日は、集団下校の日で、帰りの用意をして1年生は他の学年を待っていました。いつものように、「ぶうらんぶうらんして」「ジェットコースターして」と言う子どもたち。子どもたちをぶうらんぶうらんしていると、そこに校長先生が登場されました。若干腰に来て疲れかけていた私は、「あ、校長先生だ！　校長先生にもお願いしてみたら？」と、子どもたちに言いました。子どもたちは、早速「校長先生！　ぶうらんぶうらんして！」と言いました。すると校長先生、「いいぞ！　おいで！」とおっしゃって、子どもたちの腕を持って、豪快にぐるぐると回してくださったんです。「わぁ！　メリーゴーランドみたい！」と、子どもたちは大喜び。すぐに校長先生の前には長蛇の列。2年生も並んでいます。校長先生は、10人以上子どもたちをメリーゴーランドしてくれました。そしてとうとうフラフラになり、その場に座り込んで、「もう、今日はこれで勘弁してくれ。気分の悪うなった」と笑われます。

今までお会いしたことがありませんでしたよ。「子どもたちを気分が悪くなるまで回してくれる校長先生」って。子どもたちが学習して終わったノートを持って行くと、丁寧にコメントを書いてサインをしてくださる、教室まで持ってきてくださり、子どもと握手をして頭をなでてくれる校長先生。私がのど自慢に出るなら、横断幕持って応援に来ると言ってくださる校長先生。そのあったかさが伝わってくるから、子どもたちも私も校長先生の大ファンなんです。

■いかさま忍者

11月12日

今日は、放課後子ども教室に忍者登場！　私が忍者の大ファンなので、ぜひにと夏からお願いしていたのです。

子どもたちが音楽室で待っていると、何やら怪しい人影が……濃い眉毛にカールおじさんのようなヒゲ、真っ黒のまん丸いメガネをかけた忍者がやってきました！　子どもたちは忍者に釘付けです。最初はなかなか忍者を信じない子どもたちに、忍者は忍法をいっぱい見せてくれます。水が移動したり、消えたり。子どもたちは、「もしかしたら……?」と、思い始めます。すると忍者、「拙者は《いかさま忍者》でござる」と、言われます。でも「いかさま」を知らない子どもたち。「そっかぁ」ですって(笑)。忍者は、バンジョーを弾いて歌をうたい、子どもたちに楽しいゲームをたくさんしてくれました。

忍者にすっかり興味を持ったみゆちゃんは、忍者のズボンを握って、サヨナラの時は熱い抱擁。忍者の正体は、私のお友達の薄井さん。本業は消防署に勤務される方です。バンド活動の他、このようにボランティアで色んなところに登場されます。

薄井さんの魅力は、どんな人も巻き込む楽しく豊かなパーソナリティーはもちろんですが、私が一番素晴らしいと思うのは、薄井さんの人権感覚の高さです。教職員の研修会にも講師として来ていただいたこともあります(その時も忍者で登場)。薄井さんの子どもたちへの関わり方は、現場の教師である私も、足元にも及びません。いつもあたたかく、子どもを丸ごと受け入れ、面白く、大切なことはブレない。いつも学ばせていただいています。薄井さん、ありがとうございました! 最高です!!

柿ちぎり 11月12日

今日は、放課後子ども教室で「柿ちぎり」をしました。学校に、とてもいい柿の木があって、今年はたわわに実っているんです。これは使うしかない！　と。教頭先生の話では、渋柿とのことだったので、柿ちぎりをして干し柿作りをしようと思っていたのですが、先週になってこの柿が甘柿だということが判明！　だったらちぎってその場で食べようということになりました。教頭先生に依頼して作ってもらっていた、竹（先が割ってあって小枝を差したもの）を使います。

でも、柿ちぎりとかしたことがない子どもたち。最初はポカンとしていました。私と教頭先生が竹を使って、枝に差し込み、クルクルと回してポキッと枝を折り、柿を取ると、「すごーい！」と、興味が出た様子。３年生から順番に「柿ちぎり」体験。それから30分くらい、柿ちぎりに興じました。いつの間にか、「柿ちぎり」の噂を聞きつけた3年生（放課後子ども教室に参加していない）も来たので、もちろん参加させてあげました。

やってみて思ったんですけどね。「私って、柿ちぎり上手」。そう言えば、子どものころの家の柿の木に登って柿を取って食べてた。「柿の木は折れやすくて、あぶないから登っちゃダメ」って母に言われて、竹でちぎってた。こんなところで役に立ってよかった♡　ちぎった後は、その場でかぶりつきました。もちろん「洗っておいで」とは言いましたよ。私は洗いませんでしたけど。「おいしい！」「種が入ってる！」「家の人に持って帰っていい？」

あー、面白かった。と、一番楽しんだのは、私と放課後子ども教室の先生たちだったかも（笑）。久しぶりに「柿ちぎり」の血が騒いだ私。柿大好きですからね。

■今日の出来事　11月12日

（その1）音楽の時間。だいご君が私のそばに来ました。「先生、オレ、鈴になった！」。見ると、お腹に楽器の鈴を2つ入れています。「じゃあ、背中にも入れてやるね」と言って、あと2つ入れてあげました。そして、ジャンプするんです（笑）。「シャンシャン」って。そして音楽にうまいこと合わせます。「♪おおきなおとがする～♪」「シャンシャン」本人すごく楽しそう。

（その2）今日、とても大きなカボチャが学校に来ました。珍しくて大きなカボチャに、子どもたちは興味津々。休み時間にカボチャを触っているせいらちゃんに話しかけました。「せいらちゃん、このカボチャ割ったら、中からカボチャ太郎が出てくるとよ」「フフフッ」熊本弁で、こういうことを「とごやかす」と、言います。「とごやかす」とは、「愛を込めてちょっぴりいじる」って感じかな。

子どもを「とごやかす」のが、大好きな私。

■愛人大人気 11月20日

今日はせいらちゃんが調子が悪く、私のそばでお勉強をしていました。休み時間にシクシクと泣き出し、「ママに会いたい。お兄ちゃんに会いたい」と言います。大好きな中学生のお兄ちゃんが、足の手術のために入院しているんです。お母さんは、昼間だけではなく夜も仕事をしておられます。昨日おうちに行ったら、となりにあるおばあちゃんの家でお留守番をしているせいらちゃんがいました。夜はおじいちゃんが抱っこして寝てくれたとのこと。

でもママがいいんです。「じゃあ、ママに電話しようか?」と言ってママに電話しました。「ママ〜」と泣くせいらちゃん。ママも一生懸命なぐさめておられます。電話を代わって伝えました。「お母さんの代わりにはなれないけど、学校で私が抱っこできて甘えられる限りは私でよかったら抱きしめます」「くれぐれも、お母さんが倒れないように。お母さんが倒れたらそれこそ大変だから」「またゆっくり話しましょう」と。ママの声を聞いたら、ちょっと安心したせいらちゃんでした。

ところが、教室に戻ると、今度はみゆちゃん号泣。せいらちゃんが私から離れないので、「取られた!」と思ったらしいです。愛人、大人気。

■学童保育を立ち上げる

11月20日

今日の熊本日日新聞に、学童保育の記事が載っていました。娘が入学する前の年、学童保育がなかった入学予定の学校に、学童保育を立ち上げました。少ない児童数の中、「10人以上いないと設置できない」と市から言われ、必死になって仲間を集めました。一人ひとり声をかけ、学童保育の必要性を訴えてまわりました。会議をする場所も、近くのファミレスで。ようやく賛同してくれる仲間が10人集まり、開所が決まったときには涙が出ました。

でも、それからが大変。学校の空き教室は貸してもらえず、場所を探して探して、やっと少し離れた公民館をしばらく借りられることになりました。指導員の先生も、心あたりに連絡しまくり、断られること数多し。それもそのはず、給料は雀の涙だし、社会保険などもちろんない。就労の保障にもならないのに、「できれば子どもを可愛がってくれる人」なんて、なかなかいません。しかし、私が昔子どもを担任したお母さんに、「この人なら！」と思う人が１人いました。その方に頼み込んで、何とか１人見つかりました。そして、職安に求人を出して、１人申し出がありました。その面接もファミレス。お２人の先生は、厳しい労働条件の中、必死に働いてくださいました。子どもたちのことも、あたたかく見守ってくださって。今でも感謝しきれません。

ようやく古い家を借りられるようになったのは、冬のことでした。みんなで壁紙から床のマット貼りなど、すべて行いました。テレビや冷蔵庫は、引っ越しの際いらなくなったものを、私の友人が譲ってくれました。

もっともっと、大変なこともありましたが、必死で乗り越えてこられたのは、「子どもを守りたい。安心して仕事のできる環境をつくりたい」その思いだけでした。もちろん、言い出しっぺの私は会長。2年会長をしました。市への交渉、学校との話し合い、何度あったことでしょう。でも今でも、初めに来てくれた指導員の先生は、続けてくださっているし、今年7年目になり、これまでをまったく知らない新しい1年生も入ってきて、学童保育は存続しています。それだけでも、よかった〜って思います。

デンマークの学童保育の様子を聞くと、うらやましい限りですが、きっと始まりは必要だと気づいた人たちが勝ち取ってきたものだと思います。仲間を集め、行動してきた人たちが。少しでも、学童保育が充実していくように、日本の行政その他の方々が子どもたちの放課後の居場所を保障する取り組みを支えてくださることを期待してやみません。

■秘密基地つくり　11月21日

最近うちのクラスの天使たちは、「秘密基地つくり」に興じています。休み時間になると、黄色い帽子をかぶっていそいそと出かけて行きます。

「先生、秘密基地つくってるんだ。1年生の秘密基地。だから、他の学年には内緒。先生見にきて！」と、招待されました。「いいの？　秘密基地だから、秘密じゃないと？」と言うと、「先生は1年生だから」と、仲間に入れてくれました。

「昼休みに来て！」と言われたので、「秘密ではない秘密基地」を見に行きました。校舎と校庭の間の斜面にツツジがたくさん植えてあって、その木と木の間に子どもたちが通れるくらいの小道があります。そこを上手に使って基地を作っているんです。ちょうど私が行ったとき、とうま君とりょうた君が階段を作っていて、きらりちゃんが手伝っていました。とうま君とりょうた君、「俺たちが見つけたんだ。それでみんなをかてて（仲間にして）やったと」と、ちょっと得意気。「わぁ、やさしいね。カッコいい！」と言いました。

子ども心をくすぐる、秘密基地。私も子どものとき、茶畑に作ったなぁ～。泥んこの手も愛おしく思えます。その後るなちゃんからブランコに誘われ、るなちゃんをお膝に乗せてしばらく漕《こ》いだら、ちょっと気分が悪くなった私。自律神経弱ってる!?

せいらちゃんを抱っこする　11月22日

この間の「ママ～」と泣いたせいらちゃんの続きです。

あの時休み時間に私の膝で泣くせいらちゃんを抱っこしていたら、他の子どもたちが集まってきたんです。せいらちゃんの事情は子どもたちに話していました。すると、きらりちゃんが初めに「せいらちゃんが泣きよるけん、私も抱っこしてやる！」と言って、ギュッと抱きついてきました。そうしたら、他の女の子たちも、「私も抱っこしてやる！」と言ってまたギュッ！　そして男の子たちも「俺も抱っこしてやる！」と言ってギュッ！　ギュッ！　ギュッ！　素敵な仲間だよな～って思いましたよ。

今日、児童会執行部からのアンケートで、「あなたが友達にしてもらってうれしかったことはありますか？」という問いに、せいらちゃんは「わたしがないていたら、みんながだっこしてくれました」と書いていました。あったかいですよ。うちの天使たち。自慢の子どもたちです。

■おおきなかぶの思い出

11月26日

「おおきなかぶ」には、こんな思い出があります。

約10年前。全校児童30名の学校に勤務していました。子どもたちがみんな自分のクラスみたいで、先生たちみんなで子どもたちを見つめていて、保護者のみなさまとの距離も近い、アットホームな学校でした。その時は、1、3年生という組み合わせの担任でした。

3人ずつの6人。かわいくて仕方がありませんでした。その年の学習発表会は、「おおきなかぶ」にしようと、半年前から決めていました。子どもたちの他、先生たちや保護者の方々まで巻き込むという大構想。ウフフ。まずは6人の子どもたちが、その子らしいエピソードを交えて登場します。

子どもたちだけでは抜けないので、他の先生や校長先生、いつもかわいがってくださる保護者の薄井さんも呼びに行くんです。いつもおしゃれなY先生は、髪の毛をセットしながら登場。ものづくりが得意な校長先生は、ノコギリで木を切りながら登場。消防署職員の薄井さんは、なんと体育館のギャラリーからロープで下りながら登場なんです。それからかぶは、給食の先生（男性）。はりきりまくって、白い全身タイツに真っ白なドーラン（笑）も。子どもたちが喜んでくれることとくれること。大爆笑のうちに、劇は終了したのでした。

私が劇にこめたかったメッセージは、「みんな、1人じゃない」ってこと。「先生たちや地域の方々みんな、子どもたちのことを愛している」こと。その学校は、その一ヵ月後に閉校だったのです。

今、その時の子どもたち（担任ではなかった子どもたちも）、フェイスブックに友だち申請してくれます。とてもうれしいです。私の気持ちは、今でも変わりません。私は、今でもこれからも、その小学校の子どもたちを愛しています。みんな、また会いましょうね。

■トラブルの解決

11月27日

今日、昼休み時間中にトラブルがあったんです。ある子のことを、2人の子が「キライ」って言っちゃったんです。他にもその言葉に行き着くまでにいろいろあったので、5時間目に話し合いをしました。「キライ」って言った子の1人は、他の子からちょっと冷たくされて、イライラしていたし、もう1人の子はその子にやめてほしいことを注意していたんだけど聞いてくれないので思わず「キライ」と言ってしまったことが、話し合いの中でわかってきました。

1つずつ課題をほぐしていきながら、子どもたちに考えてもらいました。「キライ」って、「好き」の反対みたいに使われるけど、なんだか相手を全部否定してしまうようにとらえられます。それは、使った方は軽い気持ちだったからかもしれないけど、言われた方は、「死ね」とか「消えろ」といわれたくらいショックだったんじゃないかなと話しました。相手のいけないことを注意するときは、そのことを注意しよう、「キライ」で関係を壊すようなことはしてほしくないからと。

言ってしまった子が、泣きながら私のところにきました。「ひどいこと言っちゃったって、反省してるの?」というと、泣きながらうなずきます。「そっかぁ、えらいね。その気持ち伝えようよ」と言うと、「あんなこと言ってゴメンね」とちゃんと言えました。言われた子も、「いいよ。私も言うこときかなくてゴメンね」って。

モヤモヤは、その場で解決が信条の私。子どもたちは「自分だったらどうだろう」と真剣に考えてくれます。小さなことと流さず、言ったことだけを叱らず、一緒に考えてよりよい仲間にしたいと思うからです。言われた子も後では笑顔になり、よかったなあと思いました。素直に言ってくれて、素直に考えて反省できる子どもたちは素晴らしいです。

■宿題プリントの裏のやり取り 12月4日

最近子どもたちが宿題プリントの裏にいろんなことをかいてくれるんです。それが面白くて。「せんせい、すき」と書いてあったら、「わたしもすき」と返事をします。私やうちの犬の絵を描いてあったら、「じょうず！ すてき」と返事をします。

今日はるなちゃんが、ネコの絵を描いて「このねこにおしゃれをさせてね。リボンとか」と書いてあります。

もちろん喜んで描きました。帽子にリボン、頬紅に口紅もつけました。

プリントをもらって、ニコニコして私のところにきたるなちゃん。

「これでいいかなぁ？」と言うと、「いいよ！」って。

るなちゃんに評価してもらって、うれしかった私です。

■行方不明事件勃発　12月5日

今日の5時間目。事件は起こりました。

昼休みにちょっともめごとがあったと言ってきた子がいたので、しばらく話を聞いていました。5分くらいで話も収まり、さて5時間目の挨拶をしようとすると。ん？　○○君がいない！　「誰か一緒に遊んだ？」「うん、けいどろ一緒にした」「教室に帰ってきたのは見とらん」

え？

「トイレかな？」と言って見に行くと。……いない。「保健室かな？」……いない。私の背筋は凍りました。ピリピリピリピリって！　5分近く、誰も○○君を見ていないのです。職員室に行って、「○○君がいません！」と、告げてみんなで探し始めると……。チラッと黄色い帽子が。

いました！　ニワトリ小屋近くの外庭に。「○○君！」と駆け寄る私。ポカンとしている○○君。○○君、外庭掃除をしていたんです。水曜日は、掃除がないことを忘れていて、真面目に1人で掃除をしていたんです。

あー、よかったよかったよかったという、私の勇み足でした。その後、職員室の先生方に平謝りした私。ドジの歴史に、また1ページ刻む。

発達支援のK先生より

12月6日

先日、発達支援のお仕事をされてるK先生に、とっても参考になることを教えていただきました。「力加減」がうまくできない子どもには、遊びの中で経験していくことが一番効果的。ジグザグに走ってみる。鉄棒くぐり遊びをする。ぞうきん絞り、汽車拭きなど、体を使って遊ぶ経験が一番身につく。

よかった〜。「遊びは大切」って思って、今までもいろんなチャレンジをしていたけど、間違ってなかったんだ！　ようし、これからも遊んじゃう。

それから、うちのクラス全体を見ておっしゃいました。「それぞれの個性で、のびのびと成長してますね。前回2カ月前に見たときより、さらに成長を感じました。教室に入った瞬間にわかりましたよ」。うれしい。「楽しいです」と言ったら、「楽しいと先生が感じてくださることが、子どもたちにとっての幸せなんですよ」。うれしい。うれしい。

また、私のところからやっていこう。

不良担任

12月11日

今から20数年前の、若い新米教師の私が違和感を覚えた職員会議。もう時効ってことで、思い出したので紹介します。

議題は、「コマ回しを学校でさせてもよいかどうか（笑）」。まずもって、こんなことを議論しなきゃいけないの？　と思いました。

1、遊びだから特に禁止はしない。

2、学級活動の範囲内で担任がついているときは許可する。

3、危険だから全面的に禁止する。

この3つで多数決になったんです。私はもちろん1に手をあげました。（なんで遊びを大人が決めてやらないといけないの？）って思って。そうしたら、「2」に決定。あらら。3に手をあげた人もいて、ちょっとビックリ！（子どもの遊びを奪っているのは大人だ！）と思った私。

同じ学校で。不登校気味の子どもがいて、毎朝自転車で迎えに行っていました。あるとき、「よし、みんなで迎えに行こう！」ってことになりました。体育の時間に、みんなでランニングして、その子どもの住む家の近くの公園でみんなで遊んだんです。みんながキャーキャー遊んでいる声が、その子どもの家にも聞こえます。そして何人かの仲良しの子どもたちを連れて、家庭訪問！「近くまできたから、寄りました〜」って。その子はみんなと遊びたくなって、すんなり出てきました♪　そして、みんなでまた公園で遊びました。近くのおばあちゃんが、子どもたちの声を聞いて出てこられました。「最近は、子どもの声がせんけん。うれしか〜。また連れてきてはいよ」って。みんなで遊んだ後は、その子も一緒にランニングして、学校に帰りました。

その後、管理職の先生から、「思いつきで勝手なことはしないで。ちゃんと行く前に報告せんね」と叱られた私。でも、おばあちゃんにほめられたから、いいや！　と思った不良担任でした（笑）。

■初めての縄跳び

12月3日

今日の体育の時間。初めてなわとびをしたんです。1年生のなわとびって、それはそれは一流なんですよ。何が一流かって、「跳べない」んです。まず、「縄を回す」意味がわからない。次に、「縄が前にきた時に跳ぶ」タイミングがわからない。縄を上に上げたときに一緒に跳ぶから、もちろん跳べないんです。本人は「あれ？」って顔をしています。一生懸命跳んだはずなのに……。前に縄がきたとき、軽く跳べない人は、思い切りハードル跳ぶみたいに「ヨイショ」って跳ぶんです。だから、なぜかどんどん前に行く。それから、続けてピョンピョンできない。リズムよく続けて跳ぶって、難しいみたいです。

かわいくって、笑いが出てくるけど、真面目な顔でがんばる人たちを笑うわけにはいきません。これから、少しずつ練習します。跳べたときは、何だか世界が広がるはず。体育の時間が楽しみです。

■アスパラ王子養子に来る　12月14日

よく子どもたちにする「とごやかし」。ぴったりくる標準語はみつからないんですよね。「子どもに愛を持っていじる」って感じかな。

アスパラ王子を、先日とごやかそうと思って、給食の後で私のひざに乗っている彼に話しかけました。私「ねえ、アスパラ君。ものは相談なんだけどたい。アスパラ君のうちには、弟くんがいるじゃん。うちにはお姉ちゃんだけしかいないんだ。だから、アスパラ君がうちの子どもになってくれないかな？毎日抱っこして寝るけどな～」

すると、アスパラ王子。「いいよ！」と、即答。あら？　とごやかすつもりが、受け入れられちゃった。するとじょう君も。「オレも、先生んちに行く！　一緒に寝る！」って（笑）。

本当。アスパラ君やじょう君みたいな息子がいたら、楽しくて幸せだろうな。

とごやかすつもりが、癒やされた私。

■みいちゃんの跳び箱　12月14日

今日跳び箱をしました。火曜日に続き2回目。最初は、お友だちと2人でウマ跳びごっこ。キャアキャア喜んで跳んでいます。ウマ跳びって、信頼関係が必要なんです。なんだかいい感じ。次は柔らかい跳び箱で。「ぽん（ジャンプ）、ぱっ（手）、とん（着地）」が合い言葉です。最後は、「内村航平」でポーズ！　「ぽん、ぱっ、とん、コウヘイ」で、キャハハと笑って楽しそうな子どもたち。

みいちゃんが、ちょっと不安そうな顔をしていました。こわいみたいです。でも、みいちゃんはまじめで努力家だし、今まで見ていた運動能力からして、跳べるはずだなあって思いました。私「ねえ、みいちゃん。自分がやりたいと思ったとき、みいちゃんは、『私、それやりたい！』っていつも言えるよね」。みいちゃん「うん」。私「そのときのような気持ちで、エイッて跳んでみてごらん。きっとあなたならできると思うよ」

するとみいちゃん、次のチャレンジで跳べたんです。パッと笑顔になりました。「やったあ！」と、ハイタッチ&ブンブン。みんなも、「みいちゃんが跳べたよ！」って、拍手してくれました。子どもたちってすごい。「初めて」に立ち合うことができる幸せ。

子どもたちにパワーをもらってます。

■冬休みお勉強会　12月24日

今日は冬休みのお勉強会。3人で「ラブラブ」のお勉強会。

2学期の復習をしましたが、やる気満々の3人は、集中してどんどん学習をすすめていきます。

ひきざんをしている子。たしざんをしている子。漢字を書いている子。みんな、自分のペースで、自分で選んでいます。その姿を見ていて、子どものころから大好きな本の、「窓際のトットちゃん」を思い出しました。

トットちゃんが通うトモエ学園は、その日に決まった課題を、自分でやりたい順番にやってよくて、終わったら好きなお勉強をしてよかったのです。

「こんな学校いいなぁ～」「こんな学校に勤めたいなぁ～」「トモエ学園の校長先生、素敵だなぁ～。こんな先生になりたいなぁ～」

私が教師を目指すきっかけにもなった一冊です。

子どもたちのそれぞれのペースに合わせて、楽しんで学習できるようにしたら、きっと子どもたちみんなお勉強が大好きになるはず。そんなことを考えながら、子どもたちの勉強する姿を見つめていました。

朱ペンの丸には、愛をたっぷり込めて。

「もっとやる!」「明日も来る!」と、元気にブンブン手を振りながら帰る子どもたち。

メリークリスマス。いい子のみんなには、きっと素敵なプレゼントが届くよ。

【3学期】

■凹凸　1月10日

今日の国語の時間に、「ようすをあらわすことば」の学習をしていました。「形容詞」の勉強です。その学習をした後、ようすをあらわすことばを使って、詩を書く予定です。

「でこぼこ」ということばがでてきたとき、ゆうすけ君がいい反応をしました。ゆうすけ君「あのね、でこぼこには漢字があるよ」。私「そうよ、ゆうすけ君。よく知ってるね」。ゆうすけ君「うん、パパが教えてくれた！」。私「漢字って、これでしょ。（凸凹を書く）」。ゆうすけ君「うん、それ！」

他の子どもたちは、「えーっ！　それが漢字？」って、びっくりしています。さらにゆうすけ君は続けました。ゆうすけ君「その漢字を逆にしたら、なんか違うことばになるんだ。えっと、何だったっけ……？」。しばらく考えていました。

ゆうすけ君「そうだ！《おうとつ》！」。私「すごいね、ゆうすけ君。《おうとつ》は、でこぼこの難しい言い方なんだよ」。ゆうすけ君「エヘヘ」

ゆうすけ君のお家の素敵な会話が目に浮かんだんですよ。めずらしい漢字を教えてくれるパパ。興味を持ってそれを聞いているゆうすけ君。これって、本当の意味での「勉強」

なんだろうなって思います。お友だちからも「ゆうすけ君、すごーい！」って言われて、とってもうれしそうでした。

■きつねとぶどう　1月17日

昨日の道徳の時間。「きつねとぶどう」というお話でした。お母さんきつねが、お腹をすかせている子ぎつねのために、３つの山を越えてぶどうを一房だけ盗んできます。まもなく巣穴に帰ろうとするとき、巣穴の近くに猟師の姿がありました。お母さんきつねは「早く逃げなさい！」と大声を出して、子ぎつねはその声を聞いて逃げて助かります。数年後、その巣穴近くに戻った子ぎつねは、一本のぶどうの木を見つけます。ぶどうを食べた子ぎつねは、お母さんの声を思い出して、「お母さん、ありがとう」と泣くのです。

読みすすめて、登場人物の心情を考えていきました。話し合いをすすめていくうちに、子どもたちが泣き始めたんです。「いい話だ」って。「親にとって、子どもは自分の命に代えてもいいくらい大切なんだよ」って言うと、せいらちゃんがポロポロとまた泣き出しました。

「あのね、ママが《せいらは宝》って言うの」「そうだよ、せいらちゃん。せいらちゃんは、ママのところを選んで生まれてきたでしょ」「うん」「ね～、私もそう思うよ」。私ももらい泣き。

生活科で、はじめて自分の生い立ちを調べる取り組みをしています。子どもたちとお家の方を「つなぐ」大切な時間にしたいと思います。

■上あごと下あご　1月29日

今日、ゆうすけ君が給食中に私に質問してきました。「先生、上の歯と下の歯、どっちが動きよると？」

なるほど、と思いました。「ゆうすけ君、頭はね、上と下に分かれてて、耳の前のところくらいでつながっているとよ。耳の前のところをさわって、アゴをカクカクしてごらん。動くでしょう」。「あ、ホントだ！」とゆうすけ君。他の子どもたちもアゴをカクカクさせて、「ホントだ！」と言っています。「下だけが動いてる！」と発見したゆうすけ君。とってもうれしそうです。「ゆうすけ君、1つ賢くなったね～。よかったね！　今日学校に来て！」と言うと、ニッコリ。「なんで？」って、疑問を持つって素敵です。いいところに目をつけてるゆうすけ君、いいもの持っていますよね。

■遊びの重要性　1月29日

昨日の放課後子ども教室で、凧揚げや四角十字やSケンなどの外遊びをしたんです。凧揚げは、2年生と1年生がペアになって、交代して協力して凧を揚げました。うちのクラスの子どもたちは、去年も凧揚げをしていたのでとても上手になっていました。去年はただ走っていって、糸を絡ませたりしていたんですけど、ちゃんと友達との距離を取って揚げています。1年生にもちゃんと教えてあげて、凧も貸してあげていました。成長。

その後のSケンでは、ちょっとトラブルがありました。AチームとBチームに（うらおもて）して、半分ずつの人数で分かれていたんですけどね。Aチームの作戦で、Bチームの子がたくさん捕まってしまったんですよ。だから、戦える人がBチームは少なくなったんですよ。Aチームはそのチャンスを使って、みんなで攻めて宝をゲット！　Aチームの勝利だったんです。そうしたら、負けたBチームの1年生が、「ずるい！　そっちが人数が多い！」ってプンプン怒り出したんです。2年生が「違うよ、Bチームの人が捕まってたからだよ」って言っても、なかなかわからなくて。私も説明してなんとか納得してくれたんですけど。

思ったんですよ。「やっぱり《遊び》って重要」だと。

遊びを重ねてきている2年生の子どもたちは、かなり「遊び上手」になってるんです。

「負けることもある」ってことを知っているし、心に余裕もあります。よく見ていると、1年生にはちょっと加減したりもしています。1年間の違いで、すごくいろんな大切なことを身につけています。きっとその1年生も、これからまたいっぱい遊んで上手になると思います。今日の昼休み、1年生や他の学年の子どもたちと、またみんなでSケンを楽しんでいました。

■フーッ　1月31日

今日のみゆちゃん。「先生、ちょっと耳かして」

「なあに?」と、言うと、「フーッ」。耳に息を吹きかけられました。思わずアッハッハと笑ってしまいました。みゆちゃん、大成功とばかりに「ウフフ」

それからしばらくして、またみゆちゃん。「先生、大事な話がある」「なあに?」「フーッ」。またやられた（笑）。2人で大笑い!

帰るとき、運動場に校長先生がおられました。「みゆちゃん、校長先生にナイショのお話したら?」「うん!校長先生、あのね……」「なあに?　みゆちゃん」「フーッ」

みゆちゃん、最強（笑）。

■がんばりやのあなた

2月1日

昨日の算数で、ちょっとつまずいてしまった子がいたんです。一緒に勉強して、問題は解けたものの、納得しなかったのか、少し機嫌が悪そうでした。「休み時間に遊んで、少しすっきりするといいよ」と言うと、「うん」とうなずくその子。

私は出席を書きに職員室に戻り、お茶を一口飲みながらその子のことを考えていました。「もっとわかりやすくあの子に伝えればよかったな……初めてだったし、もっと工夫すればよかったな……。でもコツコツがんばる子だから、そのうちできるようになるだろうな」と。

その後教室に帰ってびっくり。その子が算数のノートを開いて、自分で問題を書きながらブツブツ言いながら解いているんです。私、何とも言えないくらい感動して。「わかりたい！」という気持ちが伝わってきました。「おーっ！　がんばってる。書いたらわかるんだ。できたら、丸するね」と言うと、コックリうなずきます。

しばらくして、ノートを持ってきました。まちがっているところは、また一緒にやり直して。花丸つけて、「すばらしい！　じょうずになったね」とコメントしました。ノートをその子に返すと、私に抱きついて泣き出したんです。「わからなくて、くやしかったの？」と言うと、ヒックヒック泣きながらうなずきます。「ちゃんとできてるよ。じょうずにできてる。あなたはなんでもまじめに一生懸命やるから、できるようになるんだよ。算数苦手って思わなくていいから。大丈夫」と。今日の放課後も一緒に算数のプリントをしました。見守りながら、時々話をしながら解くと、自分で最後までできました。「簡単だった」と、笑顔のその子とハイタッチ。

いつでも、どれだけでもつき合うよ。がんばりやのあなた。

こわしました

2月3日

先週のこと。国語の時間に、新出漢字を教えていたとき、漢字を書くプラスチック製の小黒板が古くなっていたようで、私が手に持ったら「パキッ」と割れてしまいました。

私が「あっ！」と言ったので、子どもたちが、「大丈夫？」と言ってくれました。私「大丈夫。事務の先生に《こわれました。ゴメンナサイ》って言ってくるから」

するときらりちゃん。「先生、《こわれました》じゃないけん。《こわしました》って言わなんばい。だって、《こわれた》は、何もしとらんで《こわれた》だけど、《こわした》は、何かしたけん《こわした》んだけん。わかった？」。私「はい、まちがえました。ちゃんとそう言います」。きらりちゃん。その通り！

■あしたへジャンプ2

2月7日

生活科の「あしたへジャンプ」で、いよいよ生まれたころのことを調べる学習に入りました。お家の方が書いてくださったお手紙を読みました。

「○○さんは、流産になりかけたんだって」「流産ってなに?」「お腹の中で赤ちゃんが死んじゃうこと」「よかった。○○さんが生まれてきて」「○○さんは、逆子で帝王切開だったんだって」「帝王切開って?」「赤ちゃんやお母さんに何かあって、おまたから産んだら危ないときは、お腹を切って産むのよ」「すごい。お腹を切るなんて、勇気がある!」「○○さんは、1700グラムしかなかったから、すぐ赤ちゃんの入院する病院に行ったんだって」「箱に入ってたんだって」「お母さんが、おっぱいをしぼって病院に持って行ってくれたんだよ」

他にも、前の子どもさんが流産で、無事に育ってくれるか心配だった人や、仮死状態で生まれた人など、みんなそれぞれいろんなことがあったことがわかりました。

そのうち、子どもたちが泣き出したんです。だいご君「オレ、生きててよかった」。るなちゃん「みんなに会えてよかった」って。また私ももらい泣きで。生きていること、同じとき同じ場所で出会えたこと、そのことをみんなで確認しました。授業が終わった後、ゆきなちゃんが言いました。「泣いたけど、なんだかすっきりしてる」「うれしい涙だったよね」「うん」。この子どもたちを生んでくださったお家の方に感謝です。

■義喜おっちゃんとの出会い１　２月10日

今日は、「一大プロジェクト決行の日」だったのです。実は。それは何かというと、エンジェルスに、坂本義喜さんを会わせる！　先日から坂本義喜さんのご協力で、水面下で進行していたのです。ウフフ。はやく知らせたかったけど、子どもたちにはサプライズに演出したかったので、じっとガマン（笑）。

先週『いのちをいただく～みいちゃんがお肉になる日～』を読み聞かせしたとき、子どもたちは号泣しました。特に三菱くんは、この絵本が気に入って、毎日何度も手にとって読んでいました。「坂本さんにお手紙を書いて、学校にきてくださいってお願いしよう！」って、一生懸命お手紙を書いて送っていました。

そして今日は、「坂本さんから、いつきてもらえるかの返事がないので、今から電話してみるね」と言って、坂本さんと私が話しているところに、本物の坂本さん登場！　エンジェルス、「あーっ」って。口を開けて、指さして、その後ニッコリ。

大成功。続きはまた。

■義喜おっちゃんとの出会い（読み聞かせ）　2月12日

先週、『いのちをいただく〜みいちゃんがお肉になる日〜』を読み聞かせしました。「お肉屋さん」というと、お肉を売る仕事だけだと思っていた子がほとんどでした。三菱くんとはるくんだけ、「お肉にする人がいる」って知っていました。三菱くん「お父さんが教えてくれた」。はるくん「じいちゃんが教えてくれた」

絵本を読む間、子どもたちは、じっと集中していました。女の子が、みいちゃんのお肉を泣きながら食べるとき、しょうこちゃんが泣き出しました。しょうこちゃん「みいちゃんが、かわいそう」。他にどんなことを感じたのかを聞きました。のんちゃん「私今まで、人間のいのちと牛のいのちは違うって思ってたけど、同じいのちなんだって思いました」。さえちゃん「いただきますは、いのちをいただきますなんだって思いました」。突然、三菱くんが泣き出しました。はるくん「三菱くん、自分ちの牛のことを思い出したと?」。三菱くん「うん……オレんちの、オレがいっつもかわいがってる牛、今度金曜日に売られるんだぁ〜」

その後の坂本さんへのお手紙。はるくん「坂本さんはみいちゃんのいのちを解くとき、つらかっただろうなと思いました。でもちゃんと仕事をしたから、坂本さんはすごいと思いました」。三菱くん「坂本さん、ぼくのうちの牛を解いてくれて、ありがとうございました」

……やっぱり、この授業を計画してよかったと思いました。そして坂本さんへ、手紙を送ったのです。10日に、坂本さんが来てくださることは、ナイショナイショで。続く。

■義喜おっちゃんとの出会い2

2月12日

サプライズ登場された坂本さん。子どもたちは、坂本さんに会ったら質問したいことを考えていて、直接聞くことができました。みんなまだちょっぴり緊張気味。

「いのちがある牛を解くことは、つらくありませんか?」「つらいこともあるけど、自分にしかできない仕事だと思ってやっています」

「牛にさようならを言っていますか?」「ありがとうと言っています。心の中で言うことが多いです。牛たちは、わかってくれていると思います」

「本当に、牛が泣くのですか?」「今から自分に何があるのか、牛たちはわかるんです。こわがるんです。だから、痛くないように、楽に天国に行けるようにじっとしとけよって言います」

みんな、いつもみたいに手遊びしたり、机に落書きしたりする人はいません。坂本さんを食い入るように見つめ、話を聞いています。後で写真を見たら、子どもたちの真剣なまなざしに、ゾクッとふるえるくらいでした。本物の話。子どもたちなりに、1年生なりに、受けとめるんだなあと思いました。

■初めての絵の具

2月13日

今日は図工で初めて絵の具を使いました。初めての「絵の具道具」に、朝からワクワクしている子どもたち。「先生、今日絵の具使うんですか?」と何人も聞いてきます(ちょっとしたことですが、こういう時「敬語」を使えるようになりました。成長です)。まずは、道具の使い方も教えるために、オリエンテーションもかねた絵の具の指導。道具の名前から始め、赤と黄と青を使って混色実験。「青と黄色を足し算したら、何色になるでしょう?」「赤!」(↑なんで?)「さあ、混ぜまぜしてみて」「おーっ‼ 緑!」。水を足すと薄くなることにも感動。「先生! 赤がピンクになった!」

色を作って少し描いてみた後は、自由に描きました。「うさぎ」「車」「おくさま」(↑何?)。お片づけまでていねいに指導して、ピッタリ2時間。

「先生、絵の具面白かった。またする?」「うん、来週もするよ」「ヤッタ〜!」

この中から、将来の画伯がでる? かも? 中でも昆虫少年ゆうすけ君の「おにた」は秀作! 「おにたのぼうし」が心に残っていたみたいです。

■義喜コーチ　２月18日

今日は、坂本義喜さんが学校に寄ってくださったんです。ちょうど阿蘇方面（と言ってもかなり離れているんですが）に用事があるからとおっしゃってくださって。

２月末で転出する子どもがいるんです。その子に「いのちをいただく」の絵本をプレゼントしようかなと思っていて、坂本さんにサインをお願いしたところ、「じゃあ僕がその子に本をプレゼントするよ」って、わざわざ持ってきてくださったんです。ちょうど3時間目の体育が始まるところで、「義喜おっちゃん、サッカーしよう！」とエンジェルス。義喜コーチのおかげで、ものすごく盛り上がりました。

坂本さん「みんな、サッカーはね、強い人が1人おっても勝てんとばい。みんなで力ば合わせなん。チームワークっていう。なんでもみんな仲間で協力して、力ば合わせてがんばらなんばい」「はい」と、エンジェルス。キラキラッと汗を流して、「じゃあね、みんな。じゃあね、朱美さん」と、さわやかに帰って行かれました。かっこいい。

坂本さん、ありがとうございました。本をいただいたいつき君、とても喜んでました。

■肉うどん　２月20日

今日の給食は、肉うどんだったんです。子どもたちも大好き。「おいしい」「あったかい」

じょう君が言いました。じょう君「先生、今日風邪で休んだゆうた君がかわいそう」。私「どうしたの？　じょう君」。じょう君「あのね、昨日ゆうた君が帰るとき、『あー、明日の給食肉うどんだ。楽しみ。』って言ってたと。だけん、食べたかったろうなって」私「そうなんだ。食べながらそのこと思い出したと？」。じょう君「うん」私「じょう君、あなた本当にやさしいね」じょう君、照れてエヘヘと笑います。するとほかの子どもたち。のんちゃん「もしかしたら、ゆうた君おうちで肉うどん食べてるかもしれないよ。病気のときはおうどん食べるじゃん」。しゅうと君「そうそう、病院の帰りにおうどん屋さんに行ったかもよ」。みんな、ゆうた君が「肉うどんを食べてたらいいいな」って、一生懸命素敵な想像をしてる。

なんかね、じんとしました。あったかくて。

■教師は黒子　2月23日

今日は前任校の閉校式だったので、行ってきました。ヤンマー君に会いたくて、3年生のところに行きました。みんな私を見つけて、手を振ってくれます。「先生〜！」って。担任でもなかったのに、うれしいです。

「H君（ヤンマー君のこと）は？」と言うと、「ここにいるよ！」と他の子どもたち。ヤンマー君、私を見て、「………、あ、藤原先生」。思いだすのにかなり時間がかかりました（笑）。でもよかった。完全に忘れられてなくて。

子どもたちは、先生を忘れるくらいでいいと思います。それだけ今を楽しく生きているからだと思います。面白いことに、たくさんたくさんかかわった子どもほど、すぐに忘れられます（笑）。それでいいんです。子どもたちは自分の人生を生きているんですから。主役は子ども。教師は黒子。いつもそう思います。

ヤンマー君、ちょっと大きくなってました。

■「ユクエフメー」

2月27日

最近、登校用帽子が見つからないるなちゃん。るなちゃん「先生あのね、帽子が《ユクエフメー》なの」。私「そうなんだ。《ユクエフメー》なんだ」。るなちゃん「うん、《ユクエフメー》だからね、今探してるの」。私「見つかるといいね」

ちょっと難しい言葉を覚えたとき、使いたくなる子どもたちです。多分《ユクエフメー》の漢字は書けないけど、ちゃんと使えます。ちょっと「大人気分」って感じですね。一方、最近「続け文字」が気に入っている様子のみゆちゃん。私も覚えがあります。

「大人みたいにつながっている字を書きたい！」って真似したことが。自分のサインとか考えたりして。2人ともかわいいです♡

■じっくり話を聞く　3月6日

今日の放課後、子どもたちは外で遊んでいたのですが、ある子が1人ぽつんと教室の近くにいました。気になったので、「どうしたの？」って声をかけました。

○○さん「あのね、お友だちがね、タイヤジャンケンしてたら、勝手にルール決めて嫌だった」。私「そうかあ、もしかしたらそのお友だちは負けたくなかったから、自分の都合がいいようにルールを変えたのかな？」。○○さん「うん、そう思う」

それから先は、教室で私の仕事（おおきなかぶのお面作り）を手伝ってもらいながら話をすることにしました。

私「あなたはいつもお友達の気持ちとかをよく考えるでしょう？」。○○さん「うん、考える」。私「同じ1年生でもね、みんなあなたみたいにお友達のことを考えることができるわけじゃないんだよね。どっちかって言うと、自分のことだけ考える人が多いかも。そのお友だちはまだ、お友達の気持ちを考えることができないときもあるよね。だから、ワガママ言っちゃうときもあるから、○○さん、嫌だったんだね」。○○さん「うん」。

私「多分ね、国語が得意とか苦手とか、体育が得意とか苦手とかみたいに、《お友達の気持ちを考える》ことが、まだ苦手でうまくできない人もいると思うんだよね」。○○さん「そっかぁ～（おーっ！　すごい！　意味を理解してる！）」。私「だからね、そのお友だちにはこれからも私は気をつけて、話していくからね。ゴメンね、○○さん」。○○さん「うん、わかった」

お友達のことを考え、思いやってやさしい○○さんの方が傷ついてしまうのは、よくないことです。傷つけた人は、そのことにさえ気づいていないこともあります。ルールを変えちゃったお友だちの課題はあります。ただ私が思うのは、子どもは成長していくし、少しずつわかってだんだん周りのお友達のことも考えることができるようになると思うんです。その人も、話せばちゃんと考えることができる人です。きっと、できるようになります。その成長まで、○○さんのようなやさしい子どもが、がまんしてつらい思いをしないように、寄り添っていきたいと思います。お手伝いが終わった○○さん「私、お手伝い好き！」と言って、笑顔で帰っていきました。

大人が見習わなきゃって、いつも思います。

■縄跳び大会　3月7日

昨日、6年生と一緒に「なわとび大会」をしました。6年生と1年生は偶然同じ10人で、「手つなぎペア」みたいに、いつもお世話してくれるなかよし6年生がいるんです。そのペアのお兄ちゃんお姉ちゃんに、数えてもらって、いつもよりがんばれたみんなでした。時間が少し余ったので、「なかよしとび」をしました。6年生が縄を回してくれて、一緒に1年生が跳ぶんです。もう、その姿が微笑ましくて。

とうま君は、「オレが今度は回す！」と言って、回しているのですが、とうま君に合わせてお兄ちゃんがちゃんと跳んでくれるんです（笑）。1年生もかわいいんですけど、お世話をしてくれる6年生もかわいいんです。大人からだけではなく、子どもたち同士でも愛し愛され合って育っていることがわかります。

卒業式には、お兄ちゃんお姉ちゃんとの別れがつらくて、いっぱい涙が出るんだろうな。いつもありがとう！　6年生。

■のんちゃんの話　3月11日

3月11日。

今日は、私の学校でも午後2時46分に、みんなで黙祷をしました。朝からそのことを子どもたちに伝えました。子どもたちも、ニュースやテレビで知っていて、大切な日だということは、1年生なりに理解している様子でした。

のんちゃんが、「私、話したいことがある」と言いました。のんちゃんは、以前は関東に住んでいたんです。東日本大震災のときは、3才でした。みんなで話を聞きました。

のんちゃん「あのね、地震のとき、車がピョンピョン跳ねるくらい揺れたの。とっても怖くて、ママが『おうちに入ろう』って言って、お友だちのおうちの中に逃げた。弟は、まだ赤ちゃんだった。パパはその日靴下のままで帰ってきた。パパが働いてたビルと他のビルがくっつきそうになるくらい揺れたって、パパが言ってた」……そうだったんだ。知らなかった。

私が、「のんちゃん……」と言いかけたとき、三菱くんが、間髪を入れずに言いました。「のんちゃん、生きててよかったね！」。私も、同じことを言おうと思っていました。すると子どもたちが言うんです。「よかった。のんちゃんに会えて」って。私にとって、東日本大震災は、あんなに多くの被害があったにもかかわらず、どこか遠いものでした。私にとっても、子どもたちにとっても、のんちゃんのこの発言は、胸に突きささり心に落ちました。亡くなった方々のご冥福を、心からお祈りするとともに、また自分にできることをやっていこうと誓った1日でした。

■泣きたいときは泣いていいんですよ

3月11日

先ほどの投稿の続きです。

給食の後で、のんちゃんのおうちのお母さん宛に、今朝のんちゃんがしてくれた話を、連絡帳に書いていました。のんちゃんと三菱くんに、「このことを学級通信に書いてもいい？　おうちの人にも、今日のみんなのことを知らせたいから」と言いました。2人とも快諾してくれました。その瞬間、涙があふれて止まらなくなりました。「のんちゃん、三菱くん、それからみんなに会えてよかった」って。

ポロポロと泣いていると、歯磨きが終わったじょうくんが戻ってきました。「先生、なんで泣いてるの？」って。朝のことを思い出して、涙が止まらなくなったことを伝えると、じょうくんは言いました。「泣きたいときは、泣いてもいいんですよ」……。一瞬、7才の彼に惚れてしまうかと思った私。かっこいい。

■お母さんのシェーファーピン

3月12日

昨日、お楽しみ会をしたんです。子どもたちが話し合って、Sケンとか、オクトパスタッグ（たこの鬼ごっこ）やドッジボールなどをしました。もちろん、司会進行やゲームの説明運営も子どもたちです。

実は、このお楽しみ会にはある「仕込み」をしていたんです。せいらちゃんのお母さんが、特製の「シェーファーピン（雪花氷。台湾のかき氷）」を子どもたちに食べさせたいと申し出てくださって、サプライズにお願いしていたんです。りょうた君のお母さんも手伝いにきてくださいました。ドッジボールで盛り上がって教室に帰ってきた子どもたちの目の前に、イチゴやポッキーの乗ったキレイなシェーファーピン！

「おーっ！」と大喜びです。シェーファーピンは、せいらちゃんが小さいときから大好きな、お母さんの味です。阿蘇の山で春から夏の間かき氷屋さんをするお母さんのお店で、看板娘のせいらちゃん。1年生くらいからお手伝いもしているんです。それをみんなに食べさせてくださいました。あわてて写真をと思って、教室にカメラを取りに行って帰ってきたら、みんなもう食べ始めてました。あー、間に合わなかった（笑）。ふわふわで、甘くて、やさしいお母さんの味。せいらちゃんは、この間お母さんが授業に来てくださったとき、「お母さんの作るシェーファーピンが大好きです。お母さんの子どもでよかった」とお手紙を書きました。その時も涙、昨日もちょっぴり涙でした。

せいらちゃんのお母さん、手伝ってくださったりょうた君のお母さん、ありがとうございました。

■7才だったらな　3月13日

今日は午前中の授業だったので、子どもたちは遊ぶ約束をあちこちでしていました。「わぁ、いいねぇ。私もかたりたいな（加わりたいな）」と言うと、「かたってもいいよ」ですって。うれしい言葉です。

「本当に、私も7才だったらなぁ」と言うと、「ホント、先生が7才だったらなぁ」「きっと、私が7才だったら、すごくあなたたちとなかよくなれそうね」と言うと、「うん！」ですって。ありがとう。

昼からの仕事の山ともたたかえそうなあったかい言葉。がんばるぞぉ！

■三菱君の恋パート1　3月17日

三菱くんは、しょうこちゃんのことが大好きです。体育のときにペアになるしょうこちゃんは、やさしくて面倒見のよい子で、三菱くんはメロメロなんですよ。7月にしょうこちゃんにプロポーズした三菱くんですが、そのときは「やんわりと」断られてしまいました（詳細は34頁）。それでもあきらめない三菱くん、事あるごとに「しょうこちゃんが好き」と、アピールしていました。

今日の給食の準備のとき、着替えが遅れた三菱くんのエプロンを、さりげなくしょうこちゃんが三菱くんに届けてくれました。その状況に、目がハートになってしまった三菱くんを、私は見逃しませんでした。私「三菱くん、今『やっぱりしょうこちゃんと結婚したい』って思ったど?」。三菱くん「ウン」。私「なかなかしょうこちゃん、『いいよ』って言ってくれんもんね」。三菱くん「ウン、だからね、オレ大きくなったら、牛をいっぱい飼うんだ。それで牛売ってお金いっぱい稼いで、ヴォクシーの新車買って、しょうこちゃんを乗せるんだ」。私「そっかあ、がんばらなんね。三菱くん、お金も大切ばってん、ハートも大事ばい。いい男になってね」。三菱くん「わかった」

三菱くん。君は、いい男になるよ。―つづく―

■三菱君の恋パート2　3月17日

そして給食を食べているとき、いきなりさえちゃんが言ったのです。いつものお話タイムはじまりと思いきや。さえちゃん「先生! 私最近1年生にも好きな人ができた!」さえちゃんは、入学してすぐお世話をしてくれる、王子様みたいな6年生のお兄ちゃんに恋をしてしまいました(詳細は10頁)。私「あら、本当に? 6年生じゃないの?」。さえちゃん「あのね、6年生も好きなんだけど、私三菱くんが好きになったの。だって三菱くんは笑顔がかわいくて、やさしいから」

突然の女の子からの告白に、三菱くんの鼻がプクッと膨らんだのを、私は見逃しませんでした！　私「三菱くん、よかったね」するといきなり、しょうこちゃんが言ったのです。しょうこちゃん「私も、三菱くんが好き」。これにはクラス全体がどよめきました。みんな、「三菱くん、よかったね～」って。しょうこちゃん、三菱くんの熱烈なプロポーズに、ついに心奪われてしまったようです。さえちゃんという、ライバルの突然の出現に焦ったか⁉　三菱くんは、デレデレしながら言いました。「オレ、どっちと結婚しようかなぁ」

三菱くん、調子に乗りすぎてるよ。—つづく—

■三菱君の恋パート3

3月17日

昼休みが終わって、三菱くんが走って私のところに報告にきました。

三菱くん「先生！　しょうこちゃんが、オレと結婚してもいいって言ってくれた」。私「わあ、よかったね～。おめでとう。しょうこちゃん、いいの？」。しょうこちゃん「ウン」。うかれている三菱くんに、ひと言だけ忠告しました。私「しょうこちゃんのパパは、大変ばい。がんばって」

末娘でお兄ちゃんと15才以上離れているしょうこちゃんのパパは、まさしくしょうこちゃんにメロメロメロメロメロなんですよ。「目の中に入れても痛くない」って感じ。
三菱くん、君なら大丈夫。がんばって。

あかちゃんがうまれるよ　3月18日

今日の道徳の授業は、「あかちゃんがうまれるよ」という題材でした。だいご君は最近弟が生まれたばかり、みゆちゃんとゆうすけ君のお母さんのお腹の中には、赤ちゃんがいます。「一番下だから、赤ちゃん知らない」という子どももいます。みんなに赤ちゃんが生まれる喜びと楽しみを味わってもらいたいと思って、子どもたちに内緒でゲストティーチャーをお招きしていました。来月出産予定のみゆちゃんのお母さんです。お願いしたら、快くＯＫしてくださいました。

インタビュー形式で、「赤ちゃんを授かったときの気持ち」「赤ちゃんに望むこと」「赤ちゃんができてからのみゆちゃんの成長」などをお聞きしました。「赤ちゃんができたとわかって、とってもうれしかったです」「元気に生まれてくれるだけでいいです」「みゆちゃんが1人で寝られるようになりました」。お腹をさすりながら、やさしく話してくださいました。お話を聞いた後は、みんなでお腹をさわらせてもらいました。「かたいね」「でもやわらかい」「かわいい。よしよし」「動いているかな」。みんなうれしそうです。「元気に生まれてきてね！」とお腹に抱きついたのは、きらりちゃんとるなちゃんとさとみちゃん。男の子たちはちょっと照れています。

るなちゃんの感想です。「わたしもこうやって生まれてきたのかとおもいました」。そうそう。みんながあなたたちを待っていました。生まれてきてくれてありがとう。すべての子どもたちへ。

■ハクモクレン　3月18日

学期末。忙しくてバタバタして心に余裕がない私。休み時間に、みゆちゃんが外のハクモクレンを指差して、教えてくれました。「先生、花が今日は3つ咲いてる！　昨日はまだつぼみだったけど、今日は咲いてる！」

あーって思いましたよ。今の私は、花を愛でる心の余裕もなかったと。みゆちゃんありがとう。心が洗われました。この2年生と過ごせるのもあと3日。

大切にしなきゃ。

■あかちゃんがうまれるよ2　3月20日

道徳の授業「あかちゃんがうまれるよ」の続きです。その日子どもたちに1つ宿題を出しました。「自分が生まれたときのことを聞いておいで」って。

次の日ゆきなちゃんが「私、生まれたときのことをママに聞いてきた！」と言いました。「おーっ！　えらいね。どうだった？」と言うと、「あのね、お股《また》からだった！」とのこと。どうやらゆきなちゃん、「お股から生まれる人と、お腹を切って生まれる人がいる」という話が心に残っていたらしく、そのことをママに確認したみたいです。ママもちゃんと答えてくださったんですね。

（あら、そこだったのね）と、心の中で思っていたら、「私はお腹切ったんだって！」「オレもお股からだった！」と、みんな言うんです（笑）。私としては、生まれたときお家の方がどう思われたか、聞いてくるかなぁって思っていたんですけどね。子どもたちにとっては、自分がどうやって生まれたのかしりたかったみたいです。それも大切なことです。ちゃんと答えてくださったお家の方に感謝です。

さとみちゃんも「はい」と手を挙げました。「あのね、ママもパパも待ってたんだって。私に会えてうれしかったって」。私もさとみちゃんやみんなに会えてうれしい。

きらりちゃんとお別れ　3月24日

今日は、修了式でした。天使たち10名との2年間は、私にとって宝物でした。修了証を受け取るとうま君、思い出発表のゆきなちゃんときらりちゃん、みんな立派にできました。成長を感じました。

　それから、今日はきらりちゃんとお別れだったんです。お父さんの仕事の都合で、転校することになったのです。「最後にきらりちゃんと何をしたい？」と聞いたら、「遊びたい！」と答える子どもたち。素敵です。きらりちゃんも思い出発表で、「一番心に残ったことは、みんなと毎日遊んだことです。みんなで遊びを考えるのが楽しかったです」と発表してくれました。

　通知表を渡して、「とにかく遊ぼう！」と体育館へ。みんな汗だくになって遊びました。教室に帰って、みんなからのサプライズのプレゼントと、一人ひとりきらりちゃんへのメッセージを言葉で贈りました。みんな泣いて泣いて泣いて。最後は、「歌を歌おう！」と言って、「ビリーブ」と「かけ算九九の歌」を歌って踊り、泣き笑いできらりちゃんを送りました。私が子どもたちに最後に伝えたことは、「みんなのことを愛しています」ということです。「みんなのことを愛している人がここにもいることを忘れないでね」と。

　さようならのハグは、いつもより念入りに。

　ありがとう、きらりちゃん。ありがとう、天使たち。

■春休みのお勉強会　3月27日

「アンタ、春休みはいつ休まるっとね?」と、私の母。教師に春休みはないのです～。しかも、いつもより仕事量が多いのです。

しかし今日は、約束のお勉強デートの日♡　子どもたちが来てくれました。お勉強が早く終わった人は、私のお手伝いまでしてくれました。助かる～。おかげで教室が片付くこと！　算数で1カ所つまずきがあった人も、今日のお勉強会で完璧！　スラスラと解けて笑顔です。「今日来てよかった～」ですって。本当は今日天気がよかったら、公園にみんなを連れて行こうと思っていたんですけどね。雨で残念でした。

「ねぇ、先生、今度は2年生の先生になって！」って、うれしい言葉。本当にそうなれたらいいなぁ！

■新入生の情報交換会　4月1日

先日、新入生の情報交換会に、ある幼稚園に行きました。ちょっと遠くにあるその幼稚園から、1人だけで本校に入学してくるその子のことを知り、少しでも不安を取り除くことができたらいいなと思いました。低学年担任が多い私は、幼稚園や保育園との「つなぎ」がスムーズにいくことを、この時期最優先に心がけるようにしています。

その幼稚園からの入学は久しぶりで、私は初めてその幼稚園を訪問しました。その幼稚園は、本年度から「認定こども園」になったとのことで、バタバタされているのではないかと、この時期申し訳なかったなと、ちょっと心配だった私のイメージとは逆で、とてもゆっくりゆったりと迎えてくださいました。幼稚園と保育園の機能両方果たすのは、大変ではないかと思って尋ねてみると、先生からこんな答えが返ってきました。「うちの園は、20年以上前から、保護者さんのニーズに合わせて延長して子どもさんをお預かりしてましたから。子育て支援の活動も以前からやってましたので、今までやっていたことと、ほとんど変わりがありません」

私「そうなんですね。私も思うんですよね。同じ子どもを育てていくときに、心の線引きはいらないと思うんです。私はいつも、幼稚園や保育園の先生や保護者さんの愛情を、小学校でバトンタッチして大切にお預かりしなきゃって思いながら、子どもたちと接しております」

幼稚園の先生と、お互い「出会えてよかったですね」と言ってお別れしました。

「～だからできない」じゃなくて、「どうしたらできるか」なんだ。大事なことは、「やること」なんだ。新年度また自分のところからやっていきます。

第2部

教師として、親として、人間として

2017年度「熊本県人権啓発４コマ漫画」に入選した作品。

第1章　熊本地震のこと

■熊本地震のこと（1）——そのとき、わが家は

２０１６年４月16日の夜中。布団ごと吹き飛ばされたような衝撃を受けました。急いで隣の部屋で寝ている娘のところに行こうとしましたが、まだ激しく揺れていて立つことができません。床を這《は》いながら娘の部屋の前にたどり着きました。

「大丈夫？」「大丈夫」

そして、２人で支え合いながら、まだがたがたと揺れる階段を降り、私の両親がいる１階にたどり着きました。

「よう、揺れたなあ……」呆然としている父。

震えて、すでにパニックになっている母。

「家族を守らなくては」と思いました。

玄関のドアを開けたままにして（避難訓練受けててよかった）、毛布と大人用の紙おむつと、ペットボトルに水を入れて（そのときは水が出ました）、近所の方と同じところに避難をすることにしました。

ところが、逃げようとするまさにそのとき、母が言い出したのです。

「入れ歯がない」

ぐちゃぐちゃの部屋の中から、とても入れ歯を探すことはできません。そう言っている間にも余震が来るのに、パニックになっている母は「入れ歯がないと見苦しくて外には行けない」と言い張ります。

突然娘が大声で言いました。

「ばあちゃん、入れ歯は後で探してやるけん。今は、入れ歯より逃げなんと。死ぬかもしれんとだけん」

ようやく我に返った母。「せめてマスクをしていく」

玄関にマスクを置いていてよかった（笑）。

ようやく母を車に乗せることができました。娘の機転に感謝です。

実は、4月14日の前震のあと、東日本大震災を経験した関東に住む友人から、

「朱美ちゃん、一応車のガソリンを満タンにしといた方がいいよ。すごく大変だったから」

と教えてもらっていて、4月15日の朝に燃料を満タンにしていたんです。その友人のアドバイスがなかったら、私の車はほとんど空っぽの状態でした。その友人には、とても感謝しています。しかも、その人は短大卒業以来一度も会ってなくて、SNSの普及でつい

最近ＬＩＮＥでつながったばっかりだったんです。今回の地震では、ＬＩＮＥやフェイスブックも大いに役に立ちました。

さて、最初に避難をしたのは、近所の野菜販売所裏の駐車場でした。車のエンジンはつけたままで暖を取りました。車についているテレビを見ていたのだろうとは思いますが、そのニュースの記憶がほとんどないのです。周りの様子を一生懸命観察して、より安全に家族を守れるところはないかを一生懸命考えていたからだと思います。ラジオをつけるという判断も、そのときはできませんでした。今思うと、ラジオをつけた方がよかったと思います。

余震は震度３〜４くらいのものが一晩中ずっと続きました。そのたびに母が怖がって、小さな悲鳴を上げていました。私が車を出てほかの方と話そうとしていると、不安がって車から出てこようとするのであわてて止めました。

最初の避難先の駐車場で２時間ほど過ごした後、消防団の方の車が回ってきました。そして、「みなさん公民館に避難されています」と教えていただき、私の住む地区の公民館に移動しました。

公民館には、30台くらい（あんまり覚えていません）車が停まっていたでしょうか。なるべく情報が届くように、食料や水などが確保できるように、何かあったらすぐに動かなければならないと思って、ほとんど眠らずに一夜を明かしました。

トイレはやはりすぐ使えるところがなかったので、足が弱くてトイレが近い母のために、大人用のおむつを持ってきたことはよかったです。それから、明け方は冷えたので、毛布を持ってきたこともよかったです。

明け方、６時くらいだったでしょうか。みなさんが公民館の前に集まっておられることに気づき、車に残って待つよう娘に言い、走って行きました。私の勘が当たりました。消防団の方が、近くのコンビニから集めてこられたおにぎりやジュースを配っておられたのです。

「子どもとお年寄りを優先してください」

私はおにぎり３つと、ジュースを２本もらうことができました。とりあえず、家族の最初の食糧を確保することができました。しかし、コンビニのおにぎりでは、到底全員分には足りません。

私の地区のある女性がおっしゃいました。

「こぎゃんこともあろうかと思って、私、水ばくんで置いておるもん。炊き出しするばい。おにぎりば作ろう。手伝ってもらえんどか」

「やります！」すぐに答えました。私を入れて、10人くらいはおられたかと記憶をしています。近くの方が、「うちに米があるけん持ってくる！」と言ってくださいました。パジャマのまま、とりあえずそのまま公民館の中に入って、第1回目のおにぎり作りが始まりました。朝の6時半くらいのことでした。

その中には、私が若い頃に同じ学校で勤務をしていた、大好きな給食の先生で、大好きな先輩ママでもあるSさんもおられました。Sさんは、私を見るとすぐに、

「先生、無事だったね。よかった。お父さんお母さん、娘さんは？」

と言ってくださいました。2人で抱き合って喜びました。

そのSさんや水をくんでくださってたKさん、Sさんと同勤していたときの保護者のみなさんも一緒に、それから10日間ほどその公民館で炊き出しをすることになったのです。

私は「家族を守らなければならない。生きるために、何としてでも食べさせなければならない」と強く思いました。

第1回目の炊き出しが終わって、一旦家に帰りました。帰ってすぐに探したのは、母の入れ歯です。台所の水道の横にありました。母に渡すと、母はにっこりして、

「よかった。これで食べられる」

はっとしました。総入れ歯の母にコンビニのおにぎりを渡しても、食べられなかったのです。

母に申し訳ない気持ちでした。

とりあえず、毛布や座布団を持って、公民館に行きました。ビニール袋や、味噌や乾燥椎茸、米の粉、買い置きしていたトイレットペーパーなども持って行きました。何かの役に立つと思ったからです。

その頃熊本県内のほかの地域に住む兄から、電話がかかってきました。兄の地域は、揺れはあったものの、私のところとは違って被害もあまりないようでした。私はすぐに、「よかったら父と母を迎えに来てほしい」と言いました。

父は週に3回、人工透析を受けています。東日本大震災の時も、透析の患者さんたちが大変だったことは、父がこの病気になってから聞きました。このままだと、父の命が危ないと思ったからです。

兄は5時間近くかけて、私たちのところまで来てくれました。しかし、もう少しで我が家の近くというところで、通行止めになっていたのです。2キロメートルほどの道を、両親に歩いてもらうしかありません。私は母に言いました。

「歩ける?」

母は言いました。

「大丈夫。歩ける」

私が母の手を取り、娘が父の手を取りました。ところが、踏切のところで電車が脱線して警報器が鳴りっぱなしのところを渡らなければなりません。踏切の脇の1メートルくらいある段差を、母が通れるのか心配です。

ちょうどそこに、近くのお店のご家族がおられて、息子さんが母を支えてくださいました。そして、

「藤原さん、そこの橋が崩れるかもしれませんよ。遠回りした方がいいと思います」

と教えてくださいました。

私は、また困ってしまいました。

「崩れるかもしれない橋を渡って、両親の歩く距離を短くするか」

「崩れるかもしれないから、遠回りをさせるか」

娘に相談しました。両親に言うと、怖がるかもしれないので、娘だけに聞こえる声で。

娘と決めたことは、「歩く距離を短くする」ということでした。昨晩からの状況で、疲れ切っている両親を、これ以上歩かせるわけにはいかないと判断したからです。

そんな相談をしているとは、当然知らない両親。いたってマイペースです。

父が言いました。

「俺は、明日帰ってくるけん」

「何で？　今から避難しよるとに」

「いや、あさって透析せなんどが」

「お父さん、お父さんの透析の病院に行く道がふさがれてしまってると。近くの大きな橋も崩落してるとよ。お父さんの病院は、今兄ちゃん（私の兄）が、探してくれよるけん。だけん、しばらくは兄ちゃんとこに避難しとって。お願い！」

「ああ、そぎゃんだったつか」

それからしばらくして、橋のところにさしかかりました。橋が崩落しないか、どきどきしながら歩いていたとき、橋の中腹のところで娘と一緒に歩いている父が言ったそうです。

「ああ、ちょっときつくなった。俺はちょっとここで休むけん」

「じいちゃん、お願い。橋を渡ってから休んで」

危機的状況の中（本人は自覚なし）でのこの発言。娘は思わず笑いがこみ上げてきたそうです。私もそれを聞いて、２人で大笑いしました。

橋を渡ったところで、兄の車が遠くに見えました。ブンブンと大きく手を振りました。うれしくてたまりませんでした。

これでとりあえず、両親の危機はまぬがれたと。

兄は、ごろごろと大きな岩が道をふさぐ中、大変怖い思いもしながら、阿蘇の私たちのところまで来てくれました。父の病院も、すぐに見つけてくれました。そして、私たちにと、ハヤシライスやスナック類、水を大量に持ってきてくれました。あのときのハヤシライスは、まさに私たちの命を救ってくれました。

そして、やっと兄の車に到着し、母たちを乗せようとしたとき、母が突然泣き出して私に言い始めたのです。

「本当に……あんたがおらんかったら、私たちはどうなっていたことか……」

私は言いました。

「大丈夫ばい、お母さん。落ち着いたら迎えに行くけん！」

笑顔で見送りました。車が離れていった後、ちょっとだけ涙が出そうになりましたが、なんだかそのときは、へんな元気がありました。

「ようし、炊き出しするぞ〜！」と。

後から受けた研修で、その元気は震災直後などの大きなにショックで死なないための、人間が本来持っているちからなんだということを教えていただきました。その元気は、およそ1か月くらい続いたと思います。とりあえず、「家族を守る」はクリアしました。

■熊本地震のこと（２）――そのときも、あかごなめと伝説娘

近くの公民館で自主的な炊き出しを始めて２日目。娘と２人で一枚の毛布にくるまって寝た日の朝のことです。私好みの（笑）、11か月のエミちゃん（仮名）という赤ちゃんに出会いました。４歳のお姉ちゃんと、ママたちと一緒に避難をしておられました。

さっそく頭の匂いをかがせていただき（笑）、ママとお話をしました。赤ちゃんのご飯のことが気になったからです。するとお母さん、

「避難所のご飯はまだ食べられないので、お菓子を少し食べさせただけです」

とおっしゃいました。それでは赤ちゃんのお腹がすくだろうと思ったので、

「私の家に常温保存のうどんがあったはずだから、作って来ましょう」

と言って、朝の炊き出しのあと、家に帰りました。

ところが、うどんとガスボンベは見つかったものの、ぐちゃぐちゃになった台所の中で、たしかあったはずのカセットコンロが見つからないのです。そこで、近所の方に訳を話すと、すぐに快くコンロを貸してくださいました。うどんを無事作り終え、娘にカセットコンロを返しに行ってもらうように頼んで、私はそのままうどんを持って公民館に行き、昼の炊き出しをしました。エミちゃんは、うどんを食べてくれたそうです。よかったと思って、娘の昼ご飯をもって、家に帰ると、なんと、バナナが２房も置いてあるので

す。各家庭から持ち寄ったものでちょっとずつ炊き出しをしていて、物資もまだ何も届かない中、バナナは光り輝くほどの貴重品に見えました。驚いて娘に聞くと、

「カセットコンロを返しに行ったら、そこの家の人が分けてくれた。赤ちゃんも、バナナなら食べられるでしょうって」

私は、そのとき本当にその方に拝みたい気持ちでした。そのおうちだって、何時間もかけて道も危険な中遠いところに買い出しに行き、やっと手に入れた食料品だったはずです。その中でバナナをくださったのです。

私はすぐにエミちゃんのママのところにバナナを持っていきました。エミちゃんのママは恐縮して、

「うどんだけでもありがたいのに、こんな貴重なもの、いただけません」

とおっしゃいました。私は言いました。

「あのね、これは私からではなくて、コンロを貸してくださった方からなんです。それにこれは、エミちゃんとお姉ちゃんにあげるんです。炊き出しでは、まだ大人用しかないですから。私はこれから炊き出しをするので、小さい子どもさんが他にいらしたら、ママから他の子に渡してあげてください」

お姉ちゃんと一緒に、エミちゃんはバナナを食べてくれたそうです。そのことを先輩マ

マS先生に話をすると。

「なんね～、そぎゃんこと（そんなこと）だったら、早う言わんね！」

次の炊き出しから、エミちゃん用におかゆを作ってくださることになりました。自主避難でみんなでやってたから、こんな融通もきいたのだと思います。さすが先輩ママたち。

エミちゃんは、避難から3～4日してから、パパが迎えに来られたとのことで、無事おうちに帰ることができたそうです。あとで聞いた話ですが、エミちゃんは、パパの仕事の都合で、親戚のおうちに遊びに来ていたときに被災したのだそうです。最後は会うことができませんでしたが、エミちゃんが笑ったときのかわいい歯が忘れられません。まさにエミ（笑）ちゃんでした。

本震から3日後、実はワタクシ記念すべき「半世紀目の誕生日」が来ました。もちろん、電気も水道もまだ通ってなくて、「暗くなったら寝る」「日が昇ったら起きる」生活を、娘と続けていました。私は炊き出しをしながら、娘は1人で家の片づけをしたり炊き出しを手伝ったりしてくれていました。こんなに娘と1日中べったりと過ごすのも、久しぶりのことでした。この日はさすがに洗濯が必要になり、私は1人で朝早く（5時半ごろ）から、近くの用水路で洗濯をすることにしました。

その用水路の場所は、実は思い出の場所でした。ちょうど10年前の私の誕生日に、事件（笑）は起きました。小学1年生になったばかりの娘が、ノラネコに気を取られて、登校中にランドセルごと落ちてしまった場所だったのです。登校班長さんが、近くのおばあちゃんに助けを求めてくれて、その方が娘を家に連れて帰って私に連絡をしてくださったのです。

（そんなこともあったなあ……）と、桃太郎のおばあさん気分で洗濯をしていると、その先の駐車場に停めてある車の中から、毛布を持ったおばあさんが降りてこられました。

（もしかして……）と思い、その方に娘のことを話すと、確かに10年前に娘を助けてくださった方でした。

「ああ、そんことならよう覚えとる。私が温《ぬく》めてやったばい」って。

「その時は本当にお世話になりました。その娘も、もう高校2年になって、今炊き出しやら家の片づけやら、いろいろ手伝ってくれて助かってます」

そう言ってお別れしました。

帰ってからおばあちゃんに会ったことを娘に話し、2人で思い出話をしながら笑って、洗濯物を干してから朝ごはんの炊き出し準備に娘を連れて行くことにしました。

車でさっきの用水路のところを通りかかると、なんとそのおばあちゃんが近所の方と立ち話をしておられるではありませんか。あわてて車を止めて、娘を連れて行きました。娘

が10年前のお礼を言うと、

「ああ、アンタかい。よか娘になったない」と、言ってくださいました。娘は言いました。「伝説10年目記念だね」

地震のおかげとまでは言いませんが、つらかった思い出が多い中、この2つは心あたたかくなる思い出です。

■熊本地震のこと（3）——子どもたちに会いに行く

本震から5日目の4月20日（水）に、ようやく仕事に行く余裕ができました。娘とわんこを残していくのが気になったので、校長先生に相談すると、緊急なので娘とわんこを職場に連れて行くことを許可してくださいました。ありがたく思いました。

自主避難先にも、物資が集まり始めていたので、勤務先の子どもたちに会いに行くことを告げると、なんと飴を80袋、クッキーを100個くらい持たせてくださいました。そのほかにも、たくさんの衛生用品も持たせてくださいました。

普段通勤していた家の近所の橋は崩落し、通勤に使っていた道路は通行止めのため、普段は通勤時間25分くらいのところを、大きく山をこえて迂回して、1時間半近くかかりました。

まず初めに行ったのは、担任している1年生のりゅう君ご家族の避難先でした。おうちの前で、ブンブンと手を振って待っていてくれたりゅう君とお母さん。車を降りて、「生きとってよかったね」

と、3人で抱き合って泣きました。地震の恐怖ですっかりやつれたお母さん。こわがって夜は泣いて家の中で寝られない、1人でトイレに行くのも怖がるようになったりゅう君がいました。とりあえずお菓子と自宅から持ってきた絵本などを渡して、

「毎日会いに来ますから。先のことはまたそのとき一緒に考えましょう」

と言って別れました。

次に向かったのは私が勤務する学校とは別の学校でした。私の学校の地域は、地盤が緩く土砂崩れの可能性があるため、避難所にできないのです。子どもたちが避難しているということだったので、とりあえず子どもたちに会いたいと思って向かいました。子どもたちだけでなく、お母さんたち、おばあちゃんたちもとても喜んでくださいました。みんなで抱き合って、生きていることを喜び合いました。子どもたちはお菓子を喜んでくれ、生後1か月の赤ちゃんも避難しておられたので、オムツやおしりふきを渡せました。

「じゃあ、またみんなに会いにきます!」

と言って車に乗り込んだのは、まだ勤務時間1時間前(笑)。

とりあえず勤務先の学校に着きました。幸運なことに、学校は何カ所かのひび割れと、古い体育館の天井から少し落下物があったこと以外は無事でした。私の家と違って、もうすでに電気も水道も通っていました。娘と２人で、

「わあ、水が出る！　電気がついてる！」道路もビリビリじゃない！（私の家の近くは、道路のあちこちに亀裂や陥没がたくさんありました）」

と、今思うと変なことに感動していました。

私がまだ勤務できなかった時に、何人かの先生方で片づけをしてくださったそうで、勤務できなくて申し訳なかった気持ちと、ありがたい気持ちでいっぱいでした。

勤務開始から10分（もなかったかもしれません）、私は校長先生に、

「子どもたちに会いに行っていいですか？　担任している子どもたちや、他の子どもたちも気になりますので」

と言いました。校長先生は、

「いいですよ。気をつけて行ってきてください」

と、快く送り出してくださいました。連日片づけで疲れている娘は私の教室で休ませました。

最初に行ったのは、担任しているたか君の家です。たか君は、お父さんの仕事（ミニト

マト農家）の手伝いをしていて不在でした。飴やお菓子を渡して、次はたか君の近くに住んでいる、三菱君の家に行きました。

三菱君のお母さんとお会いした時も、抱き合って再会を喜びました。お母さんは、ポロポロと涙を流しながら、

「私の実家が全壊しました」

とおっしゃいました。私の住む地区でも被害は大きかったのですが、全壊と聞き、その町の被害がどんなに大きかったかがうかがえました。

「でも、生きてたからいいんです。父や母も無事でしたから」

と、笑顔で話されるお母さんは、やっぱり私の大好きな三菱君のお母さんです。

三菱君も夜は広域の避難所のテントや車の中で寝ていました。三菱君は、自衛隊のお兄さんたちと仲良くなって、なんと自衛隊の特別の救急車の中を見せてもらったそうです。

「先生、自衛隊の救急車すげえけん。なんか普通の（救急車）よりかいっぱいなんかあって、かっこよかった」

とのこと。お母さんと大笑いしました。お父さんは、消防団活動で不在でした。

三菱君の家を出てから、他の子どもたちのところへ行く途中、たか君のお父さんとたか君に会いました。たか君のお父さんは、

「先生、無事でよかったなあ。先生も大変じゃったろに、わざわざ来てもろてすまんない。俺たち農家は待ったなしじゃもん。だけん、たかたちに手伝ってもらって、黄色のミニトマトの苗植えばしよる」

と笑顔です。たか君は、さっき私がお母さんに渡したお菓子を食べてくれていました。

「お父さん、震災復興でそのトマトば売り出しましょう！　『たか君ちの幸せの黄色いミニトマト』ですよ！」

と言うと、たか君のお父さんはワハハと大笑いして、

「アンタ、先生しとるだけあって、頭ええない（頭がいいね）！」

とほめてくださいました（笑）。やっぱり会いに行ってよかったです。三菱君のお母さんに子どもたちの情報を頂いて、少し離れた広域避難所の方に行ってみました。テントが見つかるかなあと思いながら、駐車場に車を停めると、消防団の車が通りかかりました。みると、保護者のＡさんです。私を見て、手を振ってくださいました。私はその瞬間、涙がまた溢れてきたんです。いつも優しくて、子どもたちとお仕事の取材をさせてもらったＡさんにお会いして、とってもうれしかったのと同時に、なんだかちょっと気が緩んだ瞬間でした。

「あの時、藤原先生を見た瞬間、『この人は自分たちよりも、もっともっと怖い思いをし

たんだなあ』って、すぐに分かったんです。その後しばらくしてから、先生のご自宅近くに行ってどんなに被害が大きかったかがわかりました。そんな大変な状況の中で先生が持っていたのが、お菓子と大人用のオムツでしたからね。あれにゃ、笑ったですよ。こん人すげえって」

とAさんは後におっしゃいました。今でもその時のことを思い出すと涙が出てくるし、そのことは一生忘れられないと思います。

それから、出勤するときはとにかく子どもたちのところに行きました。アスパラ王子君のおうちに行ったときは、出荷の最盛期にアスパラの出荷ができないとおっしゃって、なんと言葉をかけていいのかわかりませんでした。アスパラ王子君はお父さんの仕事の手伝いに行ってました。小さい弟さんや妹さんもおられて、お菓子をあげるとにっこり笑ってくれました。おじいちゃんは、「炊き出しに使ってください」とアスパラガスをたくさん持たせてくださいました。

この地震を受けて、小さい子どもたちは、不安で泣くことが多いといろんなお母さんから聞きました。大人だって不安で何をしたらよいのかわからないし、いつもと違う状況やこの先どうなるかわからない状況を、子どもたちは敏感に受け止めているのだろうと感じ取れました。子どもがずっと泣いていて不安そうだったお母さんには、

「お母さんが泣きたい気持ちを、代わりに泣いてくれているのかもね。大人は泣けないときもあるから」

と、伝えるのが精いっぱいでした。みんなみんな、泣きたいけど生きていくのに必死な状況でした。だからせめて、子どもたちに一瞬の笑顔だけでも届けたい、何か自分にできることはないかと行動する毎日でした。

私の住む地区は、地震の被害は大きかったものの、その後の土砂崩れの警戒などによる長期避難はまぬがれました。しかし、私の勤務する学校の一部の地域の子どもたちは、その影響によりそれから3か月近くも避難が続くことになったのです。

その中で私が決行したのは、「避難所にお泊まりに行く」ことでした。その頃は時間が許す限り子どもたちのところに行って、絵本を読み聞かせしたり、食事の配膳のお手伝いをしたり、ゆるくおしゃべりしたりしていたんですけどね。あるとき、さえちゃんに、

「じゃあ、私がここにお泊まりしにこようかな」

と言うと、ものすごく喜んでくれたんです。それならばと、私の娘には昔からお世話になっているおばちゃんちにお泊まりしてもらって、私は避難所になっている体育館にお泊まりをしに行くことにしたんです。

仕事が終わってすぐに温泉に行って、ふつうに避難所に帰り（そのころは学校以外の地

域の方とも顔見知りになっていた）、せいらちゃんご家族とご飯を食べて。子どもたちと何をするわけでもなく、グダグダと過ごしました。ママたちやおばあちゃんたち、中学生のお姉ちゃんたちともたくさんおしゃべりをしました。

寝るころになって、中学生のお姉ちゃんたちが、

「先生、一緒に寝たいです！」

と言ってきました。じゃあそうしましょうと、体育館の隅のところに、布団を並べさせてもらいました。三菱君に、枕を持ってきて並んで寝ようと誘うと、

「いや、オレはダイダイ（せいらちゃんのお兄ちゃん）と寝る！」

と、あっさりふられてしまいました（笑）。

さえちゃんが隣で寝ることになり、せいらちゃんやさとみちゃん、るなちゃんたちも並びました。私が、

「ああ、まよちゃんもいたら楽しいのにねえ」

と言うと、せいらちゃんのお母さんが、

「まよちゃんなら、隣の避難所にいるはずですよ。連絡してみましょうか」

と言って、まよちゃんのママに連絡をしてくださいました。すると。

わずか5分で、パジャマ姿のまよちゃんが、ピンクの毛布を抱えて、ニコニコしながら

やってきました。まよちゃんのママが、すぐに送り届けてくださいました。

ごあいさつの「ぺろーん」と「ハグ」をして。大喜びのさえちゃんと3人で並んで寝ました。2人の背中を交互になでてさすって、うとうとと眠る2人の顔を見ていると、なんとも言えず愛おしく思いました。

「生きててよかったね」

と、寝顔にささやきました。

夜中に、中学生のお姉ちゃんたち2人が、起きているのに気づき、目が覚めました。

「先生、眠れないんです」

「じゃあ、少し外の空気を吸いに行こうか」

「ええっ、いいんですか」

「大人の私がいるから、大丈夫よ。もしママやパパたちが何かおっしゃったら、私が連れ出しましたって言うけん。遠くじゃなくて、出たところのテントのところで話そう」

そこでお茶を飲みながら3人でひそひそ（でもなかったけど）おしゃべりをしました。

中学校のこと、恋愛の話や友だちの話など、たわいのない話をしました。中学生のお姉ちゃんたちだって、不安が大きいのだなあと感じ取れました。ときどき私の昔の話をしたりして、クスクス笑いました。夜中にこっそり起き出して、友だちといるなんて、親でもない担任の先生でもないちょうど中間のおばちゃんみたいな私だからこそ、こんな風にできることもあるのかなあと思いました。

1時間ぐらいおしゃべりをして、あくびがでてきたお姉ちゃんたち。それから体育館に戻りました。

地震の爪痕や影響、そして自分自身も心の傷は、2年近くたった今でも残っています。でも私たちは生きていて、子どもたちは日々成長しています。地震はつらい思い出が多いのですが、こうやって文章に残しながら振り返ることで、少しずつ整理をしているところです。

第2章　今まで出会った子どもたち

■たかちゃんルール

重度の自閉症（現・自閉症スペクトラム）と診断された、たかちゃんという男の子を担任させていただいたことがあります。20年近く前になります。当時、「特別支援教育」は、今ほど情報がなく、どのような手立てをするとよいのか全くわからず、手探りの状態でした。たかちゃんには、副担任の先生が常に支援に入るように、学校内で工夫をしました。

「自閉症」と診断される人々の世界が、当時の私には理解できていませんでした。

そこで、関係書物を読んだり、たかちゃんのお母さんが参加をされているプログラムの学習会に、一緒に連れて行ってもらったりしました。

「たかちゃんのことを知りたい」の一心でした。

たくさんの学習で、「自閉症」と言われる障害についてはなんとなく知識が増えてきましたが、たかちゃんのことがわかったとは言えませんでした。誰だってそうですが、「自閉症」といっても、人それぞれに個性があり、マニュアル通りにはいかないからです。

会話が成立しない、こだわりが強くて多動なたかちゃんとくらしていくのは、大変なこともありました。少しでも目を離すと、どこに行ったかわからなくなることもあるので、そんなときは職員で手分けをして探しに行くこともありました。

そんな私たち大人が困っているとき、いつも助けてくれたのは子どもたちでした。

「たかちゃんは、今体育館のステージの横の部屋が気に入ってるけん、そこじゃない？」

「さっき、給食室の裏のほうに走っていったよ」

たかちゃんが何を言いたいのか、私たち大人には伝わらないときも、

「たかちゃんは、このおかずをもっと食べたいんだと思う」

「水がキラキラしてはねるのがきれいだから、好きなんじゃない？」

時にはこんなことも。

「たかちゃん、あのね、『ください』って言うといいばい」

通訳してくれるんです。これには大変助かりました。

きっと子どもたちは、たかちゃんのことをしっかり理解していたのだと思います。私が、「たかちゃんのことを理解したい」と、まず学習（頭）から入ったのに比べて、子どもたちは一緒にたかちゃんとくらして一緒に育っていく中で、たかちゃんのことを、肌で心で理解していたんです。

「子どもたちにはかなわないなあ」って、まだ経験不足だった私は、とっても子どもたちに教えてもらったのを覚えています。たかちゃんやそのときの子どもたちとの出会いは、今の私の「子ども」の見方に影響をもたらしてくれた、大きな財産となっています。

子どもたちが4年生の時、初めて体育でバスケットボールの学習がありました。

バスケットボールは、ボールが大きいし、たくさん歩けないし、ルールも複雑でシュートも難しいので、初めての子どもたちにはハードルが高いのです。だから私はまず、初めてバスケットボールをする友だちも一緒に楽しめるように、子どもたちと話し合って、いくつかのルールをゆるやかにすることにしました。
・バスケットゴールの板に当たったら1点、かごに入ったら2点。
・5歩までは歩いていい。
・ダブルドリブルは1回だけならオッケー。
これだけでも、ずいぶんやりやすくなって、子どもたちはみんな楽しんでいました。

そんなある日、子どもたちが、

「先生、最近たかちゃんがバスケットば気に入ってるもん。シュートとか上手だけん。一緒に体育できんかなあ」

って言うんです。それは楽しそうだなと思いました。副担任の先生に相談すると、

「工夫すれば、一緒にできるかもしれませんね」

とおっしゃいました。

そして子どもたちに相談して、みんなで話し合って、たかちゃんとみんなが一緒にバスケットボールができるような、「たかちゃんルール」をつくることにしたんです。子どもたちは一生懸命考えてくれました。
・たかちゃんが入るチームは、1人多くする。
・たかちゃんは、入りたいときに入って、出たくなったら出てもいい。

・たかちゃんは、どちらのゴールに決めても、たかちゃんのチームの得点にする。

そんな感じです。「たかちゃんだけ特別でずるい」と言う子どもはいませんでした。みんながちょっとずつルールをゆずったら、たかちゃんと一緒にバスケットボールができるかもしれない。そのことの方が子どもたちにとって価値があるものだったんです。

さあ、そのルールでしばらく授業をやってみましたが、たかちゃんがみんなと一緒にバスケットボールに参加してくれるかどうかはわかりません。みんな、気にせず気にしながら授業を続けていました。そんなある日、たかちゃんが体育館に来ました。副担任の先生が、ちょうどみんなの体育の授業に合わせて、じょうずに連れてきてくださったんです。

たかちゃんは、みんなと少し離れたところでボール遊びをしていました。たかちゃんがなんとなく調子に乗ってきたところで、その日の試合を開始しました。

たかちゃんは、副担任の先生と一緒に、ゴール近くのお気に入りの場所に立っています。子どもたちは、試合をしながら、さりげなくたかちゃんにパスをするんです。もちろんそのパスは、副担任の先生が受け取ってたかちゃんに渡すんですけど。

たかちゃんがシュートをしました。板に当たります。

「たかちゃん、ナイス！」

同じチームの子どもたちが声をかけます。

次のパス。また副担任の先生が受け取って、たかちゃんに渡します。

なんと、見事にゴールが決まりました。

その瞬間。

「ヤッター!」

って、子どもたち全員が喜んだんです。

「ヤッター! たかちゃんがシュートした」

「たかちゃん、すごい!」

同じチームの子だけでなく、相手チームの子も、審判をしていた子も、見学をしていた子も。

たかちゃんは、手を頭の上でひらひらさせるしぐさをしていました。それは、たかちゃんがご機嫌な時にやるしぐさだったんです。

「先生、たかちゃんも喜んでる」

そのときは、通訳なしでも私に伝わりました。

その光景を今でも忘れることができません。

たかちゃんもすごい。でも、子どもたちみんながすごいのです。

■「教師になって一番うれしかったことは」

以前研修会で、「あなたが教師になって一番うれしかったことはなんですか」と聞かれたことがあります。他の先生方が、「結婚式で教え子がプレゼントをしてくれました。「卒業式で教え子が感謝の手紙をくれました」などと発言されている中、私はある女の子のことを思い出していました。

Sちゃんは、当時2年生でした。人なつっこくて、くりくりしたお目々がかわいい子です。やんちゃで活発なところもあり、かすり傷はしょっちゅう。「ねえ先生」とにっこり笑顔で言われると、こちらまでつられて笑顔になります。

3月の、雨が降る寒い日。朝から教室に行くと、子どもたちがいつもと違ってざわついていました。

「先生、Sちゃんが!」という言葉に、ただならぬ雰囲気を感じ、あわててSちゃんがいる児童玄関に行きました。

見るとそこには、頭からつま先まで濡れたSちゃんが、目にいっぱい涙をためて、ふるえながら立っていました。手に何かしっかりと持っているのが見えました。私は、その瞬間、何が起きたのかわかりました。Sちゃんが手にしていたのは、雨に打たれて冷たくなってしまった子犬が3匹。登校中に、すてられた子犬を見つけたSちゃんは、かさも放り出して子犬を連れてきてくれたのです。

「ああ、Ｓちゃん」

と私が言ったとたんにＳちゃんは、感情が一気に吹き出したように、

「ウワーン！」

と泣き始めました。それと同時に私は上履きのまま玄関を駆け下り、Ｓちゃんと子犬を抱きしめました。

「ありがとう。子犬を連れてきてくれてありがとう。こわかったね。えらかったね」

と言って、一緒に泣きました。

状況がわかって、心配そうに周りを取り囲んでいた他の子どもたちも泣いています。そばに何人かの子どもたちも寄ってきました。

子犬は、まだ体がやわらかく、もしＳちゃんがもう少し早く通りかかっていたら……もし雨が降っていなければ……と思えるくらいでした。子犬を抱きしめて、またみんなで泣きました。

その日の１時間目は、みんなで傘を差して、運動場のすみにお墓をつくりに行きました。今でも、このことを思い出すと涙が出てきます。これが私の中では、「教師になって一番うれしかったこと」です。

第3章　わが家の伝説娘

■伝説娘登場　9月23日

私の娘。現在中1で思春期女子になってきました。「嵐」（特に二宮くん）が大好きで、ちょっぴりファッションも気になるお年頃。天然炸裂な母に似ず、なかなかのしっかり者だと思っています。しかしこの娘、数々の伝説があるんですよ。私は1人しか子どもがいませんが、1人で3人分くらい楽しませてくれる娘です。

（伝説その1）2年生のとき、3泊4日の乗馬キャンプに参加していた娘。2日目に私の携帯に電話が。「すずちゃんが、うちで飼っている大きな犬に顔を咬まれました。今病院に運んでいます。すぐ来てください！」あまりの突然の出来事に、動揺する私。私の様子を見て、同僚に「大丈夫？　送って行こうか？」と言われたほど。その後どうやって運転して行ったか、よく覚えていません。

病院に着くと、顔面に大きなガーゼとテープの娘。「すず！」と言って駆け寄ると、「お母さん！」と娘。そして「ウワーッ！」と大号泣。「大丈夫ね？」と言う私に一言。「ウワーン！いちご狩りに行かれんだったぁ！」

……アンタ、10針縫ってるんだってば。

その後、連れて帰ろうとする私と、心配しまくりのキャンプ側の方の説得も空しく、「いや！　帰りたくない！　まだ1つしか泊まってない！　いちごも食べてない！」と言い張る始末。それならお医者様に相談しようと言うことになり、相談すると……

「ん？　乗馬キャンプ？……いいよ」……お医者様、ドクターストップ出してくださいよ（汗）と思い、お医者様の額を見ると、ブラックジャックのような傷あと。なるほど。娘はニコニコ顔でキャンプに帰り、いちごも食べてご機嫌。ちゃんと3泊4日過ごしてフツーに帰ってきました。

■伝説娘2

10月2日

6年生のとき、音楽会の合奏で「情熱大陸」を弾くことになったとのこと。アコーディオンの担当になったそうで、毎日学校にはりきって行っていました。そんなある日のこと、「お母さん、情熱大陸弾けるようになった！　アコーディオン持って帰ってきたけん、聴いて！」とニコニコ顔で帰ってきました。「情熱大陸」と言えば、あの「チャチャチャチャチャ〜ン」を思い浮かべますよね。孫が弾くのならと、私の両親（ジジババ）も、正座して喜んで聴くことになりました。

ところが、突然流れてきたのは、「ビッバババビッビッビッババビッ」というものすごい低音。娘は、バスアコーディオンの担当だったんです。

私は2小節目で気がついたのですが、一生懸命弾く娘を前に笑うわけにもいかず……。もちろん、「情熱大陸」を知らないジジババが、気がつくはずもありません。カタツムリが鳴くような音がしばらく鳴り響いた後、無事演奏終了。娘は「フッ」とちょっぴり得意げな顔をしました。パチパチパチパチ～と、盛大な（？）拍手。ジジババと私は「上手～！　最高！」「アンタが一番上手！」「すごーい！」「アンタはやればできる！」と、大絶賛。娘は調子に乗って、その後も二回アコーディオンを持って帰りました。

今は吹奏楽部に入って、トランペット吹いています。

■伝説娘の通知表

12月18日

この時期、私たち教師には1つの山が。それは通知表。ちょっと疲れている私ですが、今日は母としての通知表の話を。久しぶりに娘の伝説。

小学校1年生最初の通知表をもらう日の朝、「今日は通知表が来るね！」と言って送り出す私に娘が一言。「通知表って何？」……そう言えば、その存在すら教えてなかった。ちょっぴりイヤな予感がした私。娘が帰ってきてから、その予感は的中。A4サイズの通知表が見事に折れ曲がって（しかも斜めに折ってある）、連絡袋の中に突っ込んであります。肝心の中身はと言うと……「すずちゃん、学校に遊びに行ってる？」というような、トホホな内容。あららと思い（特に腹は立たなかった）、娘に聞いてみました。「すずちゃん、学校で何が楽しい？」すると娘しばらく考えて、「うさぎ」……どうも、毎日うさぎに会いに行っている様子。

その頃「ネコ救出事件」もありました。ある日、すごく汚れて帰ってきて、いきなり泣き出した娘。何しろその日、子猫が３匹排水溝のところに落ちて鳴いていたらしく、娘はお友達と救出作戦決行したそうなんです。同じように動物好きのＮ君と行ったものの、排水溝は狭い。Ｎ君が、「すずちゃん、僕が足持っておくけん、助けて！」と言われたそうで、娘は腹ばいになってＮ君が足持って何とか救出できたそうです。

しかし、救出したものの、「飼い主どうなる？」ってことになって。私はバリバリのネコアレルギー。喘息出て死にそうになるほどひどいんです。「先生が、明日までは預かるって言ってたけど、明日までに飼い主見つからなかったら、保健所にやるって！　保健所にいったら殺されてお肉になるってお友達が言ってた。あ〜ん、あ〜ん」夜まで泣いて泣いて。私もどうすることもできなくて、一緒に泣きました。結局次の日飼い主が見つかってよかったんですけど。

通知表の成績より大切なものを持っていると思う、うちの伝説娘です。

■伝説娘ホームステイをする

5月5日

今日は「こどもの日」。子どもに関する話題にしたいので、久しぶりに我が家の伝説娘の話を。

娘が6年生の夏休みに、従姉のオンニ（ニックネーム）と一緒に韓国に行きました。オンニの仕事に合わせて、オンニの友達家族を私たち親子に会わせてもらったのです。

お友達になってくださったのは、キムさんご一家。娘と同い年のお嬢さんがおられます。アッパ（お父さん）の、「娘に日本人の友達をつくってあげたい」の希望に、オンニが私たち親子を紹介してくれたのです。喜んでOKしたものの、よく考えたらキムさんご一家にとって、私たちは「日本の親子代表」になるわけです。まさに、「なでしこジャパン」なわけです。私の中では。「粗相するなよ」と、兄まで心配してくれて。韓国語の挨拶も一生懸命覚えて行きました。お会いしてみると、アッパもオンマ（お母さん）もとても気さくで素敵な方々。お嬢さんは少し大人っぽい感じです。

韓国での3日目、オンニとオンニの友達、私たち親子、キムさんご一家で1日中遊びました。子どもたちにも大人にも楽しめるようにと、色々と考えてくださっているのがわかりました。娘も大喜び。言葉はわからないけど、キムさんご一家と楽しく過ごしていました。移動のときは、日本語を全然話せないオンマとお嬢さんと3人でタクシーに乗ったり、「ナンタ」というショーでゲラゲラ大笑いしたり。緊張している様子はまったくないのです。お別れに近づいてきた夕食のとき、娘の食べっぷりに感心してくださったアッパ、「すずちゃん、そんなによく食べるから、うちにホームステイしても大丈夫だね。冬休みに来ない？」と誘ってくださったんです。一瞬、「ホームステイって、大丈夫かな？」と思った私。しかし、伝説娘は餃子を食べながら、「行きます！」と言うではありませんか⁉

なんと娘、「食べっぷりのよさ」でホームステイが決まったのです（笑）。

■伝説娘ホームステイをする２

５月６日

アッパからホームステイに誘われたものの、半信半疑だった私。社交辞令かもしれないと思っていました。すると秋ごろ、アッパからまた誘いのメールをいただいたのです。伝説娘に確認すると、「行く！」と言います。旅行会社に相談してみました。「子ども１人で行くから、出口までフォローしていただけないか」と。よく子どもだけで飛行機に乗るとき、キャビンアテンダントさんが連れてきたりしてくれますよね。

ところが、返事はＮＯ。そんなサービスはないとのこと。娘は１人で飛行機に乗って入国審査を受け、自分で荷物も取って出口までいかなくちゃならないのです。それも海外へ。心配する私に娘は、「何とかなるよ。お母さんと１回行ったし」と平気な様子。ホームステイは韓国のお正月に合わせて、3日間学校は休ませました。きっと、学校では学べないことを学べるはずだと思って。出発当日、空港の出発口まで送りました。心配して手を振る私といつもと変わらない娘。2時間後、アッパから電話がありました。「すずちゃん、無事に着きましたよ！　すごいですね！　1人で来ました！」アッパも、誰か出口までは付き添いがあると思ってらしたみたいです。

娘はそれから5日間、お正月に親戚のお宅で過ごしたり、子どもだけでバスで出かけたり（これは大人は知らなかったらしい）、カラオケに連れて行ってもらって嵐を歌ったりして、ホントに普通に楽しんで来たようです。帰りももちろん、1人で平気に帰ってきましたよ。「面白かった。アッパもオンマもやさしかった。お母さん、何とかなるよ。どこにでも行けそうな気がする」娘の最初の感想です。

「かわいい子には、旅をさせよ」って言葉があるけど、うちのかわいい伝説娘はどこまででも行きそうです。

■伝説娘の宿題

8月5日

伝説娘が、読書感想文の宿題をしています。今回は、司馬遼太郎の本を選んだ様子です。我が子ながら、その読書量は尊敬します。娘も作文は好きみたいで、書き始めるとサッサと進めています。だから私も、横で見守るくらい。結構夏休みの宿題は、親がかりなんですよ。特に娘は、「計画を立ててコツコツ」ってタイプではないので、毎回長期休みの最終日は大変。「歯みがきカード」とか、毎日色塗りしなきゃいけないのに、いつも最終日に「あ、これもあった」って感じです。右から娘が、左から私が色を塗って……毎回この調子。（学習しない親子。）

もう時効だと思うので、「伝説娘宿題エピソード」を一つ。ある日娘が、「お母さん、習字で賞をもらった！　すごいペンのセット！　24色だけん」と、うれしそうに帰ってきました。小学校高学年のとき。私「それって、もしかしてついでに一枚書いたヤツ？」娘「そう、あれ」そう言えば、全員書かなきゃいけない課題の習字を書いたとき、ついでに自由課題の作品を一枚だけ書いて出してたんです。それが賞に入ったんです。

それだけだったらいいのですが、その習字というのが、娘が一応書いたのですが、私が2人羽織のようにして書いた作品だったのです。なんだかもう、「スミマセン」って感じです（汗）。これって、娘の伝説と言うより、親子の伝説かも（笑）。一応、現役の教師です、私。以上、懺悔でした。

■伝説娘、中学卒業　3月15日

今日、娘が中学を卒業しました。泣きっぱなしの私。笑顔で卒業の娘。逆だろ！　って突っ込まれそうですね。

アンジェラ・アキの歌のように、荒れた青春の厳しい海を、今必死で漕いでいるような娘。だから、今日の笑顔の卒業式は本当にうれしかったのです。きっと、明日の岸辺へと夢の舟が進んでいくだろうと。担任の先生やクラスメートや幼なじみ、他の先生方、私の両親や兄やママ友達、私の友達。本当にたくさんの方々に支えられ、生きていることの幸せに感謝します。ありがとうございます。「笑顔を見せて、今を生きている」って、なんて幸せなことなんだろう。そんなことを思った1日でした。

娘の伝説、これからも続く。

第4章　「朱美さんはこんな人」

■私の師匠　賎津里美（小学校教員）

私と朱美先生との出会いは、今から20数年前になります。朱美先生のことを、私は一度も「朱美先生」と呼んだことはありません。大先輩の先生ですが、いつも「朱美さん」と呼んでいるので、朱美さんと書かせていただきます。

朱美さんと出会ったのは、私が大学を卒業後2年目。臨採で勤務をしていた小学校で出会いました。

「小学校の先生になりたい」という強い意思もなく臨採をし、県外の大学を出たので、熊本県の採用試験に関する情報も持たず、目の前の子ども達に関わることに精一杯で、まったく採用試験の勉強をしていませんでした。何の備えもしないまま3回目の熊本県教員採用試験を受け、不合格通知をもらった後に朱美さんと出会いました。朱美さんは、教員になる前に企業勤めを経験している「ぜひとも先生」（ぜひとも先生になりたくてなった人のこと。「でも、しか先生」はその逆の意味）。そんな朱美さんから「本当に小学校の先生になりたいと？　なりたいなら本気で勉強せんと受からんよ。人並みの努力なら人並みだけん。私は企業で仕事をしながら、こんな勉強の方法を取ってたよ」と、人並みならぬ努力の様子を聞かせてもらいました。そんな朱美さんの言葉は、私の心にすうっと入り、「私も朱美さんのように努力をしよう。朱美さんのような先生になろう」と、強い意志を持たせてくれました。朱美さんからの言葉を受け、教員採用試験の合格へ向け、人生最大にして必死の勉強をしました。朱美さんとの出会いが、今、教員として子どもの前に立っている私をつくってくれたと言っても過言ではありません。

企業勤めの経験を持つ「ぜひとも先生」の朱美さんは、私にとってキラ☆キラ輝いていました。子どものためにできることが最優先で、いつも笑顔です。黄色い帽子のちょっと不器用で一生懸命な1年生を見守る眼の温かさ。算数がちょっと苦手な2年生にかけ算の学習指導をするため、「かけざん九九のおはなし」という絵本を作成し、ストーリー性のある学習過程を開発する発想力の素晴らしさ。特別支援学級希望の子どもさんの入学に関して、親御さんの気持ちを十分に受け止め、職員会議で自分の考えを伝える力強さなど。朱美さんの姿は、臨採で仕事をする私にとって理想的存在で、尊敬する先輩でした。

この話は、朱美さんも知らないかも……。臨採時に町の教育長から「尊敬できる先生、信頼できる先生がいますか?」と聞かれました。私は迷わず「藤原朱美先生です」と答えたことを鮮明に覚えています。「大学を卒業してすぐから教壇に立ち、一生懸命にがんばっているあなたが、迷わず答えた先生なので、藤原先生はきっと素晴らしい先生だね」と言ってくださったことも忘れられません。

本採用になってからは、阿蘇での勤務がなく、師匠である朱美さんと近くで仕事をする機会に恵まれませんが、いつ会っても、いつ話しても、元気と勇気と刺激をもらうことができます。

将来は、師匠の朱美さんと、思いっきり子どもに関わる活動をしたいと思っています。子どもを真ん中に、泣いたり笑ったりしたいものです。そんな日を夢見て、これからもお互いがんばりましょう。

■こんな先生がいる学校なら大丈夫　星野ゆか（元保護者）

朱美先生に初めてお会いしたのは、私の娘の小学校への入学が近づいたある日のことだった。

私たち家族はその土地へ引っ越してきて1年半あまり、まだ地元での友だちがほとんどいない頃だった。初めての入学に期待と心細さを感じていた娘は、ガッコウのセンセイが我が家を訪問してくださったことに驚き、ちょっと緊張していた。

センセイってどんな人なんだろう？　どんなお話しをするんだろう？　と、興味津々の娘に、先生はやさしく（かつ、ユーモアたっぷりに）話しかけ、娘の返答に丁寧に耳を傾けてくださった。そして、娘の話の一つひとつに驚いたり感心したり共感したり、とても親密な態度で相手をしてくださった。そのやりとりの楽しさにほっとしたのか、娘はすぐに先生にうちとけ、自分で作った工作や、絵や、お人形などを次々に披露し始めた。そして先生に尋ねられるままに、通っている幼稚園やお友達について、好きな遊びや、得意なことについても雄弁に語りだし、ついにはなんと、歌と踊りまで観てもらうことになったのだった。

先生もお忙しいでしょうから、と時間を気にする私に、「いいんですいいんです、私もぜひ見せていただきたいんです、あみちゃん、本当に素晴らしいですね！ 学校に来てくれるのが楽しみです！」と、あの笑顔でうれしそうに言ってくださるのだった。

そこには、教師が保護者に接しているというような態度は少しもなく、ひとりの子ども好きな人が子どもと遊ぶ時間を心から楽しんでいるという純粋な喜びが伝わってくるのだった。私は、自分の子どもとそんなふうに楽しそうに遊んでくれる先生の姿に、理屈抜きで感動してしまった。

そして、娘の歌と踊りに大歓声で応え、熱烈なおほめの言葉をかけてくださった最後に、「あみちゃん、学校のみんながあみちゃんのことを待っているからね‼」と、しっかり手を握ってくれたのだった。恥ずかしがりながらもうなずく娘の様子には、これまでの学校への不安がすっかり拭《ぬぐ》われて、先生への信頼と、学校生活への期待がいっぱいに広がっているのが感じられた。

そして先生は、帰り際、2歳の妹を抱っこすると、うっとりと匂いを嗅ぎ、「かわいいですねえ、赤ちゃん大好きなんです、なめたいくらいです！ 実は私は、妖怪あかごなめでもあるんですよ」と、不思議な微笑みで告白してくださったのだった……。今思えば、朱美先生が本当は妖怪らしいということは、学校の子どもは誰でも知っていることだが、私には初めてのことだったので、えっ？　妖怪？　とドギマギしつつ、思わず笑ってしまった。

私たちは朱美先生の、先生らしさを超えた人間的な（妖怪的な？）包容力と、スケールの大きい（というより規格外の！）ユニークさ、子どものような遊び心に圧倒されながらも、すっかりあたたかい気持ちになり、こんな先生がいるなら学校は大丈夫そう！　と心底ほっとしたのだった。私たち親子にとって、朱美先生の訪問はこれからの学校生活に対する希望を実感する時間となった。子どもとこんな風に向き合ってくれる先生がいる、ということは、娘を学校に送り出す私にとって救いそのものとなった。

ちいさな子どもにとって、学校という社会に初めて参加していくときの環境の変化と、それに伴う戸惑いは、相当に大きなものだろうと思う。知らない世界へすすんでゆくそのときに、一歩踏み出すことは楽しいことだと、希望と喜びを感じることができたら、学校に通う日々がその繰り返しだったら、その体験はその子の育ちをどんなに深く支える力になるだろう。それには、その子どもが、ここで自分は守られていて大丈夫だと思えることと、そして、自分はよいものであり、世界はよい場所だと思えることが、なにより大切なのだと思う。

子どもは大人をよく見ている。この人は信用できるかどうか、自分という人間を受け入れてくれているかどうか。何ができるか、とか、何かをしたから、ではなく、ありのままの自分を見つめ、愛してくれているかどうか。言葉にはしないけど、子どもはすべてを知っていて、自分の周囲の大人の思いを呼吸しながら生きている。だから、子どもを見れば、その子に関わってきた大人たちの姿が、社会が見えてくるのだ。

私が、朱美先生がすごいなと思うのは、先生が、その瞬間のその子どもに、全身全霊で向き合い、一緒に生ききっているからだ。

そのような先生の姿に、子どもたちは、自分をまるごとうけとめてもらえている、という安心感を持ち、それが自分の存在の大切さを感じ取る力となり、それこそが、友だちを大切に思う心を育てていく源になるのだと思う。いのちを大切にしましょう、と百万回言うより、ひとりの大人が自分と真剣に向き合い、本気になって一緒に笑ったり悲しんだりしてくれる体験が、その子どもが自分のいのちの重みを感じ取り、自分につながる他者を、ひいては世界全体を、自分と分かつことのできない大切ないのちであると感じ取る力になるに違いないのだ。

この本に登場する子どもたちが、こんなにのびのびと面白い言動を見せてくれるのは、先生のそれを掬《すく》いあげるアンテナの感度が良いのはもちろん、子どもたちが朱美先生の愛にすっぽり包まれて、みんなと違っても、前例がなくても、遠慮なく自分のままでいられるからだろう。朱美先生と子どもたちとの愉快なエピソードの底には、そんな体験を共にしながら、立場を超えた深いところで互いのいのちを愛おしみ、育て合っている人間の姿が透けて見えてくるようで、私は胸がいっぱいになる。

今、この国では、経済的に優れていることが良しとされる社会の中で、子どもたちは常に能力を比べられ、他者と競って勝たなければ自分には価値がない、というストレスにさらされている。また経済的な理由や、家庭環境が原因で自分の望む教育が受けられない子どもたちもいる。また年齢的に大人にはなったけれども、子ども時代に受けた傷を抱えたまま苦しんでいる人もいる。日々そのような課題と向き合う多くの方たちが、このような状況をよくしたいと努力を重ねている。その熱い思いを共にするたくさんの大人たちを、この本はそっと励まし、勇気づける力にあふれている。

この本の中に登場する子どもたちの生き生きとした姿と、その子どもたちに全力で向き合う先生の姿に、思わず吹き出したり、ジーンとしたりしているうちに、私たちは世間のものさしから解放され、目の前にある本当に大切なものと向き合っていく力をもらっていく。忙しくしている毎日の中では見過ごしてしまいそうな、一瞬の笑い話に忘れ去ってしまいそうな一つひとつを、丁寧にひろいあげ、記録するという作業を通して、先生は、子どもたちと分かち合ったものの確かさを、私たちにも分けてくださったのだ。ここにこそ真実があるという確かな感覚を。その根気のいる作業を重ね、このように本にしてくださった先生の信念と行動力に心からの感謝を捧げたい。何よりも、先生の子どもたちに向けられた愛に。

私たちの未来そのものである子どもたちが、どんなときも希望と共にあり、互いの心に火を灯し合って生きていけますように。

そのために、わたしたち大人が、この本に現れる子どもたちのように生き生きと遊んでいた頃の心のやわらかさを思い出し、本当に自分らしく生きていくことができますように。

朱美先生と子どもたちに感謝して。

第3部

解説

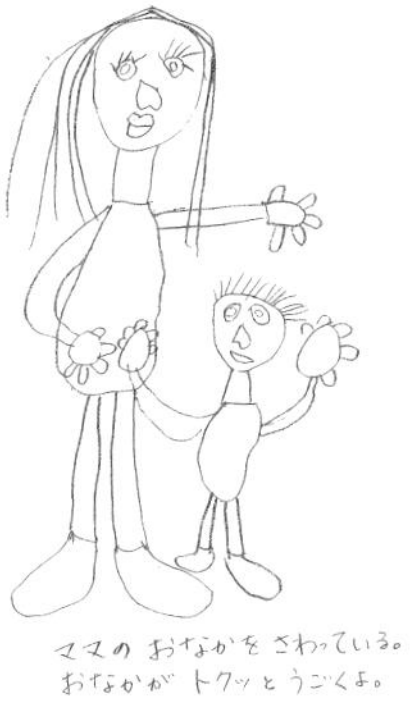
ママの おなかを さわっている。
おなかが トクッと うごくよ。

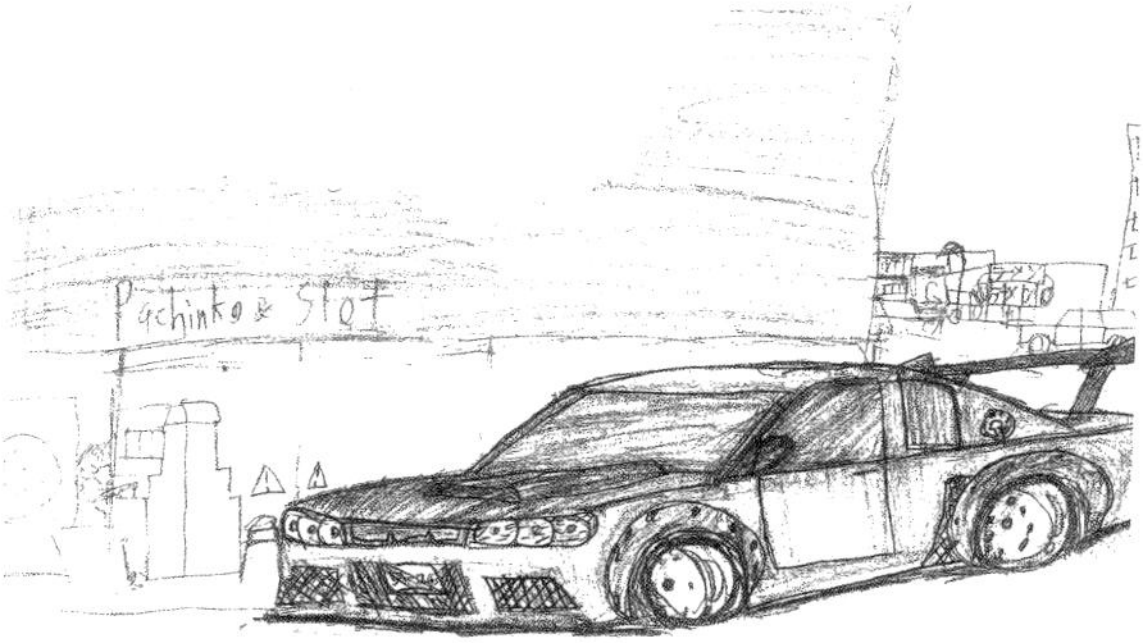
Pachinko & Slot

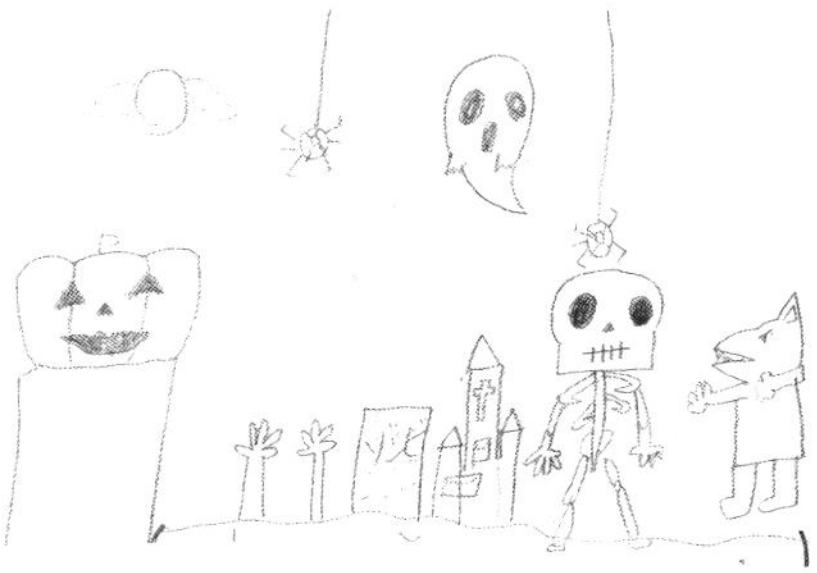

藤原朱美実践の魅力と可能性

山下 雅彦（東海大学九州キャンパス教授）

朱美先生との出会いから本書出版まで

私と朱美先生との出会いは偶然だった。5年も前になる。2012年8月のある日、私は教員免許状更新講習の会場にいた。その年めぐってきた大学関係の仕事に忙殺され体調は最悪だったのだが、おかげで受講生がどう受け止めてくれるかまで気が回らず、自由に語れたのを覚えている。

その時のレジュメを見返すと、「現代子育て事情と学校・家庭・地域の連携」というテーマのもとで、「子どもの権利条約と新しい子ども観」「かけがえのない子ども時代と遊び」「〝はじめに学校（教育・指導）ありき〟でなく」……などという話をしていたことが分かる。子ども観に関しては、「小《くう》さ、愛《かな》さ」（小さなものは愛おしい）という沖縄の言い伝えも紹介した。これはかつて高知県教育長を務められ、その後、不登校や引きこもりなどにかかわる教育相談室を開設しておられる大崎博澄さんの『詩集 人生の扉は一つじゃない』の中に紹介されていたものだ。

講習が終わって、笑顔で私に話しかけてくる数人の先生方の中に藤原朱美その人がいた。私がなじんでいたSNSのフェイスブック（FB）を彼女も始め、離れていても日常的につながったのである。大多数の先生方は受講後それっきりになるが、おそらく私の考えの多くに彼女が共鳴してくれたことが大きいと思う。

その後、彼女は受け持ちの学級の子どもたちについてFBで毎日、発信し続けるようになる。もちろん、名前は仮名にして、公開範囲も友だち限定で。〝こんな面白いことや素敵な場面があった〟〝子どもってかわいい〟と……。私は、その場にいるような距離感で読むのが楽しみとなり、ときに大笑いし、ときに目頭を熱くした。そして、時間の経過とともに「これは、何人かのFB友だちの間で読み流すだけではもったいない」との思いが募り、出版を思い立ったのである。

同様に、FBを通じて朱美先生の教育実践に関心を深め、学生たちと小学校を何度か訪問している熊本大学の藤井美保先生にも声をかけ、本人を含む3人で「子どもエッセイ」出版企画の相談をしたのは2014年10月のことだった。あれからもう3年がたつ。そのあと話がなかなか進まなかったのは、プロデューサーである私の多忙と怠慢のせいもあるが、何よりも素材となる朱美FBの投稿数が膨大で、その中からこれはと思うものをセレクトするのが大変だったからだ。

2017年4月、本の泉社が出版を引き受けてくださることになり、本格的な準備がはじまった。今、あらためて思う。5年前の免許更新講習時に私が語った「〝はじめに指導ありき〟ではない」「小《くう》さ、愛《かな》さ」などのメッセージが朱美先生の心をとらえたと同時に、彼女の実践が私をとらえたのだ。その意味で、2人の出会いもこの出版も必然的だといえるのではないか。

福井「指導死」事件が問いかけるもの

予期しなかったことだが、本書の意義を裏づけるニュースが飛び込んできた。福井県の全校生徒数50名ほどの小さな中学校で起きた「指導死」事件である。2017年3月のある日、2年の男子生徒A君（14歳）が登校してほどなく校舎3階から飛び降り、自死した。それは担任や副担任による度重なる激しい「指導」や「叱責」に追い詰められた結果であると、調査に当たった第三者委員会は結論づけた（同年9月、池田町学校事故等調査委員会）。マラソン大会の準備が遅れたことを役員のA君は担任（生徒会指導担当）から、目撃していた生徒が「身震いするくらい」怒鳴られていたという。また、副担任からも宿題未提出をめぐって執拗に責めたてられ、「できないなら、やらなくていい」と言い放たれたとき、A君は「やらせてください」と「土下座しようとした」（報告書）。

「パワハラ」という言葉が一般社会で知られるようになってだいぶたつのに、学校というところにはその問題性がいまだに届いてないのか。「指導」という言葉がそれを妨げている気がしてならない。この国では、体罰という教師の直接の暴力で生徒が命を落とす事件がなくならないが、有形力の行使によらなくても、本来は子どものために行われるべき「指導」が、子どもの命さえ奪うことがあるのだ。今回の事件は「指導死」（大貫隆志氏の造語。大貫さんもその被害者遺族）の典型的なケースといえよう。

調査委員会の聞き取りに、担任は「もっと子どものことを理解すべきだった」と反省の弁を述べたそうだが、手遅れだ。また、副担任の「なぜこんなことになったのかわからない」という言葉には〝闇〟の深さが伺われ、唖然とする（読売新聞、2017年10月24日）。

調査報告書ではふれられていないが、福井県は「全国一斉学力テスト」のトップクラスであり、学力競争とテスト体制が子どもと教師の日常をおおっていることが想像される。私の知人のブログには同県出身の大学生のこんな証言が紹介されていた——福井県は南北（嶺北・嶺南）で〝学力格差〟があり、自殺のあった学校は嶺北で「競争がとても激しいところなのです」「嶺北出身の新人の先生の何人かは嶺南で初任から3年間をすごし、ベテランになったら嶺北へ戻されるのです」「体力テストもトップクラスであるため、業間マラソンや縄跳びも取り組まれ、休み時間が休み時間でない、自由がない！　と感じました」。

こうした空気が教師から〝やさしさ〟を奪い、子ども理解から遠ざけ、その「指導」が凶器となったのではないかと考えることに無理はないだろう。唯一、報告書がその最後に「子どもの権利条約」を取り上げ、「すべての子どもは、その子なりに感じる力、考える力を持っている。すべての大人は、その子どもの思いをしっかり聴き、受け止める努力を惜しんではいけない」との言葉を「まとめ」としていることに一条の光（救い）を見た気がする。

日本の学校が1つの教育制度の上にある以上、福井「指導死」事件は、けっして他人事ではない。朱美先生もまた今回の事件にショックを受けつつ、「私の身の回りで見聞きする事例などから考えても、根は深いと感じます」と語っている。

朱美実践には魅力がいっぱい！――8つの〝宝物〟

（1）子どもとのおしゃべりが楽しい

朱美先生は、子どもといつもおしゃべりする。何より、それが楽しいからだ。就学前の家庭訪問からはじまる。あみちゃんには自作の絵本や宝箱やフラダンスを見せてもらい、すっかり意気投合する（8頁）。授業中に指４本をおしゃぶりしているりょうた君にはすかさず「おてて美味しい？」と尋ねる（34頁）。「大きくなったら、学校のせんせいになる」と宣言するゆきなちゃんに「おんなじ学校の先生になろうね」と返すと、そばにいた2人が相次いでこう言う——「でも、先生は私たちが大人になったとき、死んでるかもしれんけん！　だって、年寄りだけん！」、「いや、先生は死なんばい。妖怪だけん」（42頁）。「藤原先生、お仕事しよる？」というさとみちゃんの名言に出合えたのも、そうした日々の対話があったればこそ（44頁）。

子どもの話を聞くことは、藤原先生の流儀そのものなのである。

「私は、子どもたちの話はしっかり聞こうと心がけています。だって、面白いんです。仕事をしていても、手を止めて話を聞きます」

「子どもたちの話をよく聞くようにしていると、子どもたちはどんどん話してくれるようになります。『この人は話を聞いてくれる！』と、思ってくれるのか、時にはちょっぴり悲しかったことなども、ポロッと言ってくれるようになります」（51頁）

(2) 探究的子ども観——子どものかわいさ・面白さ・すばらしさ

本書のどのエピソードからも、子ども一人ひとりの個性がピチピチはじけている。それは枚挙にいとまがない。そして〝子どもって、こんなだったんだ〟という面白さ(発見・再発見)があふれている。朱美先生はそれを忘れないように書き留めているのだ。近年、日本のアニメの世界的人気を介して「かわいい」(Kawai-i)は国際語になっているが、朱美先生が子どもの中にそのつど見い出す「かわいさ」はもっと深みと多様性があり、子どもへの敬意さえ感じられる。

まだほうきの使えない1年生に代わって廊下を掃いている朱美先生が集めたゴミを、自分のチリトリに集める2年生のあみちゃん。先生は思わず涙がこぼれる。「あみちゃんのさりげない親切が、いっぱいいっぱいの私の心を溶かしてくれました」。あまりのうれしさに、2年の担任に報告したら、その担任ももらい泣き(26頁)。クラスで飼っているハムスターの「ふうちゃん」をだれよりも気にかけ、静かに話しかけるしいなちゃん。「最近は……しいなちゃんが話しかけたときだけ(巣から)出てくるように」なったという(72頁)。

傑作は、音楽の時間のだいご君だ。「『先生、俺、鈴になった!』」。見ると、お腹に楽器の鈴を2つ入れています。『じゃあ、背中にも入れてやるね』と言って、あと2つ入れてあげました」。「シャンシャン」……音楽に合わせて楽しそうにジャンプするだいご君（81頁）。ときには、子どもを「とごやかす」（熊本弁。愛をこめてちょっぴりからかう）こともある（同）。落とし物の体育服や靴下を臭いで持ち主を当てる、子どもたちの嗅覚の話もすごい（74頁）。

学校は〝理想の子ども像〟を求める。理想や目標あっての教育だから、それはある程度やむをえない。しかし、それを掲げてそこにとどまるとき、教育は形式化し、ときに子どもを追い込む。その悲劇の1つがさきに取り上げた福井「指導死」事件だ。また、「生きる力は学力」と疑わず、学習困難なA子の家まで出かけて教えていた教師の耳に飛び込んできたのはA子のこんな叫びだった――「私は勉強するために生まれてきたんじゃない！」（山下「子ども時代を奪わないで――『子どもの権利条約』第31条の今日的意義――」、『教育』２０１７年1月）。

あえて、「理想的子ども像より、探究的子ども観を」と言おう。藤原実践はその有効性を実証している。

（3）〈いのち〉を慈しむ――愛と情

朱美先生の子どもとの向き合い方と教育実践の核には〈いのちへの慈しみ〉がある。

けっして、ベタベタのかわいがりではない。例えば「広島の日」、原爆の語り部に暴言をはいた生徒のニュースに心を痛め、自身の娘さんが小5のときの「コメ作り」（アイガモ農法）の学習を思い出す。収穫のあと親子でアイガモをしめて食べるのだ。子どもたちの真剣なまなざし！　「大切な学習の場で暴言をはいてしまう子どもを育てている、私たち大人の責任を感じずにはいられませんでした」（37頁）。

牛の解体の話を坂本義喜さんから聞く「いのちをいただく」実践にも取り組む。「つらくありませんか？」「牛にさよならを言っていますか？」「本当に、牛が泣くのですか？」――子どもたちの質問に、一つひとつ丁寧に答える坂本さん。「いつもみたいに手遊びしたり、机に落書きしたりする人はいません」「後で写真を見たら、子どもたちの真剣なまなざしに、ゾクッとふるえるくらいでした」。「本物の話」は子どもを変える（108頁）。

また、子どもらのやさしさに先生は涙する。給食をこぼした子に「大丈夫？」と声をかけ助ける子ら（47頁）。「大丈夫！　拭くといいけん。心配せんでもいいばい。はい、ティッシュ！」「どうしたね～。泣かんでいいばい。よしよし」は朱美先生の口癖そっくり（61頁）。娘の体調不良の報を受け教室をあせって出ようとする彼女に、ゆきなちゃんがかけた言葉は「お大事にね」。それを聞いて、みんなが「お大事にね」。車の中で泣きながら娘を迎えに行く朱美先生だった（66頁）。前日、肉うどんの給食を楽しみにしていたゆうた君が風邪で休んだときのみんなの残念がりようも印象的だ（109頁）。何をこそ大事にすべきか？ 朱美学級の生活には、〈いのちの尊厳〉に根ざした仲間と先生への「愛」と「情」があふれている。

（4） 生活と遊びの大事さ

ひょっとしたら、今の時代、こんなに子どもの遊びを大事にし、ときに一緒に遊ぶ先生は〝絶滅危惧種〟かもしれない。体育で「忍者修行」をしたり（58頁）、鉄棒のあと「四角十字」で遊んだり。

「子どもたちにはたっぷりの遊びが必要だと思います。それも群れて遊ぶ遊びは、いろんなことを学べるチャンスです。ルールを守る。作戦を立てる。状況を瞬時に把握して動く。負けを認める。失敗しても次に生かす。一緒に遊ぶ友達を思いやる。協力する。そして体を思い切り動かして楽しむ」

「私はなるべく、子どもたちの間に入らず、子どもたちの持っている力に任せようと思って見ています」（58頁）

「運動場にお絵かきする？」と誘う場面も出てくる。「えー、先生、いいの？」と戸惑う子どもに、「別に運動場にお絵かきしたらいかんってきまりはないど？ もし怒られたら、先生が代表して怒られるけん大丈夫」と答える。安心した子どもたちは、迷路・落とし穴、ジャンプするところ、巨人、教室……と思いおもいの創作活動が開花する（22頁）。

彼女の遊び心・いたずら心は、ときに校長や教頭をも巻き込むのである。子どもたちにせがまれていた「ぶうらんぶうらん」や「ジェットコースター」を、途中から「校長先生にお願いしてみたら？」とそそのかし（77頁）、放課後子ども教室では教頭に作ってもらった「柿ちぎり」の竹の棒が大活躍（80頁）。子どもたちにとってここの校長や教頭は、あかたかかくて身近な存在なのだ。

評者（山下）は、「子どもの権利条約」第31条（休息・余暇、遊び、文化の権利）に深い関心を寄せ、熊本でささやかな研究会を組織し、それらの権利の確立をめざしている。藤原さんがそのメンバーであることは自然なことだと感じている。

（5）対話と共同、体験をとおした深い〈学び〉

授業（学習）に焦点化した藤原実践の分析は藤井美保さんに譲るが、〈学び〉もまた藤原実践ならではの個性があることを確認しておこう。読者に強い印象を与えるのは、生活科の「公共施設の利用の仕方」と国語の「文字学習」をドッキングさせ、温泉に出かけて「風呂」の「ふ」を学ぶ取り組みである。男子の引率をお願いした教頭からは「よかね

～。裸のつきあいすると、なんかまたかわいく思える」という感想を引き出した（28頁）。同様に、図工の時間に学級園に水をまいての「泥団子づくり」「泥んこ遊び」による「ぬるぬる」の「ぬ」の学習もある（29頁）。

また、前日、算数でつまずいた子のエピソードは教訓に富む。授業で「問題は解けたものの、納得しなかったのか、少し機嫌が悪そう」だったその子が、休み時間の教室で「ブツブツ言いながら解いてい」たのだ。

「しばらくして、ノートを持ってきました。まちがっているところは、また一緒にやり直して。花丸つけて、『すばらしい！じょうずになったね』とコメントしました。ノートをその子に返すと、私に抱きついて泣き出したんです。『わからなくて、くやしかったの？』と言うと、ヒックヒック泣きながらうなずきます。『ちゃんとできてるよ。じょうずにできてる。あなたはなんでもまじめに一生懸命やるから、できるようになるんだよ。算数苦手って思わなくていいから。大丈夫』と。

「今日の放課後も一緒に算数のプリントをしました。見守りながら、時々話をしながら解くと、自分で最後までできました。『簡単だった』と、笑顔のその子とハイタッチ。いつでも、どれだけでもつき合うよ。がんばりやのあなた」（102頁）

その他、生活科の「生まれたころのこと」の学習（122頁）や、「3・11」の日、関東から引っ越してきているのんちゃんの体験が、みんなの「生きててよかったね」「よかった。のんちゃんに会えて」というやさしさを引き出した実践も味わい深い（115頁）。

なお、3学期になると〈学び〉に関する投稿の比率が高くなる。

（6）子どもに寄り添う指導——失敗もトラブルも珍解答もどんとこい！

朱美先生の指導のポイントと仕方は普通ではないかもしれない。例えば、授業中、よそ見をしている子どもを、「こら！」と叱ったりしない。なぜなら、「子どもたちが気になることって何だろう？と思って見てみると、本当に面白いことを見つけていたりするから」。あるとき、よそ見をしている子どもに「どうしたの？」と聞くと、「先生、こいのぼり！」。視線の先には、こいのぼりと吹き流しを揚げている教頭先生の姿が……。「1年生のとき、こいのぼりの《こ》の字勉強した！」。みんなで席を立ち、窓を開けて、「きょうとうせんせい〜!!　こいのぼりありがとうございますぅ〜!!」と叫びながら手を振る子どもたち。

「いいんです。たまにはよそ見も」（10頁）

このよそ見のエピソードは、評者（山下）の大学の授業におけるできごとを思い起こさせた。ある年、再三注意しても私語を止めない男子学生に「何かワケがあるんだろう？」

と個人レポートを課したのだが、翌週提出されたのは、６点にわたって自己分析した〝論文〟だった！

さて、いろんなものを無意識に口に入れる子どもに「はい、鉛筆食べませんよ～」「教科書かみませんよ～」……挙句の果てには「ぞうきん食べませんよ～」と注意する場面も驚きだが、先生自身、それを客観視し楽しんでいるフシがある（12頁）。ただし、あいまいにできない（譲れない）場面もある。前日の自習の時間に「うるさかった」子に「鉛筆でチクっとし」て、それが面白くなりエスカレートしたという何げない〝報告〟を、朱美先生は聞き流さない。「鉛筆が本当に刺さったら、跡が残るとよ。ごめんなさいと言っても治らない」「ふざけてしてもいいことと、ふざけてでも絶対したらいかんことがある」。それを聞いて、子どもたちは考えはじめる。「失敗も学びなんです。繰り返し根気よく話していきます。たまに私が真剣な顔で話すから、よくわかってくれるみたいです」（17頁）。「丁寧に話を聞いて、その場で解決」が朱美先生のモットー――「ぶつかり合って、考えて、そこから学んでいってほしいから」「毎日何回もあるケンカや意地悪な言動の仲裁は、正直言って大変で……めげそうになることも」あるが。「意地悪する人と、される人。どっちが弱いと思う？」という問いかけも、子どもの中の〝常識〟・価値観への息の長い挑戦だ（24頁）。

新出漢字の「山」の学習のとき、「阿蘇山」を「阿蘇さん」と思い込んでいた子どもがいたときも、それを単なる〝間違い〟では済まさない。本書には他の「空耳」の例がくつも紹介されている。先生のフォローはこうだ――「素敵な間違いだよね。何だかやさしく聞こえるよ」「きっと、お山も『阿蘇さん』とか『富士さん』と呼ばれたら、うれしい」（59頁）

（7）教師の役割（専門性）と誇り

長い教師経験の中で身につけた指導技術は当然にある。それは、研修会での「若い先生方」との一問一答や、かつての職員会議での「コマ回し」禁止をめぐる違和感、不登校気味の子どもの家にみんなで行った行動にもあらわれている。どれもが〈子ども〉と向き合う中で〈子ども〉から学んだ方法のようだ。「コウシナケレバナラナイ」という「囚われ」から自らを解き放ち、子どものできる（分かる）やり方を、目の前の子どもと「一緒に考える」（18頁）

高等支援学校が舞台の映画『学校Ⅱ』（山田洋次監督、１９９６年）の一場面を思い出した。「あの子をどう扱えばいいか、教えてくださいよ」と問う新任のコバ先生に、ベテランのリュー先生は「そんなこと、わからないよ。オレだってあの子は初めてなんだから」と答え、中堅のレイコ先生が「自分で見つけだすのよ」とフォローする。「教師は子どもに与える、教えるんじゃない。子どもから学んだことを返してやる」（リュー先生）という言葉も実践的に深い。

子どもたちに「先生とよばれて先生になる」、慕われて「先生の代表は私なんだ、……裏切らないようにがんばらなきゃ」という自覚も生まれる（19頁）。

前任校で教えたヤンマー君を訪ねたときのエピソードは意外だ。3年生になった彼が、藤原先生の名前を思い出すのにかなり時間がかかったという。

「子どもたちは、先生を忘れるくらいでいいと思います。それだけ今を楽しく生きているからだと思います。面白いことに、たくさんたくさんかかわった子どもほど、すぐに忘れられます」

「それでいいんです。子どもたちは自分の人生を生きているんですから。主役は子どもも。教師は黒子。いつもそう思います」（111頁）

「教師は黒子」――この言葉のもつ今日的意味は相当に重いといわなくてはならない。

（8）親としての共感、地域とのつながり

本書の端々に見え隠れする藤原朱美の〝親としての顔〟も見逃せない。娘が小学校に上

がるときにシングルマザーとなった彼女。疲れて、電気もテレビもつけっぱなし、娘もほったらかしで寝てしまった夜中の光景を書いている。だからこそ幼い子どもの子育て奮闘中のママたちにエールを送りたくなるのだ――「どうか期間限定の『子どもがちっちゃい』を楽しんでください！」と（42頁）。

親としての共感と教師としてのプロ意識が絶妙に溶け合って泣かせるのが「ダイソー親子」。本書の中で（あえてあげれば）最も好きなものとして、藤井美保さんと期せずして一致したのはこのエピソードだ。何度読んでも込み上げる、この感動はなぜだろう？（63頁）。

彼女の親としての〝実力〟を教えてくれるのが、娘が入学する前に学童保育を立ち上げた取り組みだ。設置条件とされた10人以上の親仲間を集め、場所と指導員を探し、保護者会会長になったあとも市との交渉、学校との話し合い……と苦労続き。「子どもたちの放課後の居場所」づくりに奔走したその体験は、彼女のその後の教師生活に生きているだろう（83頁）。

お寺を訪ねて住職の話を聞き境内で遊ぶ「校区探検」（20頁）や、閉校直前の学校で先生・保護者、地域の人々を巻き込んでの「おおきなかぶ」の演劇（学習発表会）の取り組みなど、〝20坪の学級〟におさまらないのも藤原実践の特徴である。それらはことさらに意図されたものではなく、「みんな、1人じゃない」「先生たちや地域の方々みんな、子どもたちのことを愛している」というメッセージの発露に他ならない（86頁）。

以上の8つの特徴にもう1つ加えるならば、朱美さんの「筆力」である。どんなにすぐれた教育実践も、それをすくいとって文章化する能力を欠いたならば、「宝のもちぐされ」となるだろう。いや、彼女の教育実践は書くこと（実践記録）と一体なのだ。子どもの今をとらえるリアリズムと豊かな情感・ロマンが漂う文章は洗練されたエッセイに昇華した。

もちろん、実践には弱点や課題がつきものである。読者のみなさんの率直なご意見もいただきながら、〈子どもと教育〉をめぐる対話をひろげたいと切に願っている。

「普通」の教員・藤原朱美の世界を探る

藤井美保
（熊本大学教育学部准教授）

藤原朱美先生との出会い

藤原朱美先生は、日本全国どこにでもいるような、ごく普通の小学校の先生である。教科指導や生活指導で全国的に注目を集めるような教育実践を重ねているカリスマ教員というわけではないし、ツイッターやフェイスブックなどで膨大な数のフォロワーをもつような有名教員でもない（少なくともまだ今のところは……）。子どもたちを愛し、子どもたちに共感し、子どもたちといっしょに泣いたり笑ったりしながら毎日の学校生活を送っている、そんな普通の先生だ。しかし、実はこの先生は、ただ者ではない。普通だが、ただ者ではない藤原朱美先生の日常世界を、特に授業や子ども・保護者との関係づくりの面から解き明かすということが、今回私に与えられた課題である。

このむずかしくて楽しい課題に取り組む前に、藤原先生との出会いを思い出してみたのだが、直接にお会いして言葉を交わしたのが、いつ、どのようにしてであったか、よく思い出せない。ただ、藤原朱美という小学校教員の存在を知ったときのことは鮮明に覚えている。

それは、フェイスブックを何気なく眺めていたときのことであった。本書にも紹介されている「ダイソー親子」（63頁）の投稿がふと目に留まった。小学生の男の子と父親が「どんノートがよかとか?」「いや、わからん」と、商品を目の前にして2人でさんざん迷っている様子を見かけた藤原先生が、声をかけてアドバイスをしたエピソードである。簡潔でわかりやすい文章スタイルによって親子の様子が生き生きと表現されている。しかも、この親子に向ける藤原先生のまなざしが実に優しく、あたたかい。

「普通」がもつ特別な価値

「ダイソー親子」のエピソードを見つけて以来、私はフェイスブックの藤原先生の投稿に意識的にアクセスするようになった。子どもたちを自然体で受け止め、あたたかく見守る藤原先生。子どもたちの中に新たな発見をし、驚き、楽しむ藤原先生。保護者と一緒になって子どもの成長する姿を喜ぶ藤原先生。本書では紹介されていないが、ロックフェスティバルに行きノリノリで踊る藤原先生（ちなみに、カラオケで歌う姿も直に拝見したことがあるが、歌唱力も抜群！）。

失礼な言い方かもしれないが、藤原先生の投稿には「普通の先生」が「普通の子どもたち」と「普通に学校生活を送っている」様子が描き出されている。しかし、その「普通」のエピソードの数々が、子どもにとっても教師にとっても「学校って、こんなに楽しいところなんだ！」と、私たちに再認識させてくれる。藤原先生の「子どもを見る目」の確かさが、「普通」のエピソードにキラリと光る輝きを与えているのである。私はすっかり、「普通」の教員・藤原朱美のファンになってしまった。「普通」の教員による日常的で地道な実践が藤原学級の子どもたちを輝かせていることは、日本の学校教育に明るい希望を与えてくれる。また、大人の世界も子どもの世界も、成果主義や競争主義で塗りこめられたような現代の日本社会においては、藤原流の「普通」にこそ希少価値があるのではなかろうか。

その後フェイスブック上で「友達」となった藤原先生にお願いして、授業の様子や当時担当しておられた放課後子ども教室の活動などを、学生と一緒に何度か参観させてもらった（45頁はそのうちの1回である）。藤原先生はいつも快く受け入れてくださり、当日の授業や活動に、子どもたちと学生が一緒になって楽しんで参加できるような工夫をして迎えてくださる。たとえば、ＣＤプレーヤーから流れる「かけ算九九の歌」に合わせて子どもたちが歓迎の歌と踊りを披露してくれたり、短時間で子どもと学生が直接に触れあうような簡単な手遊びを一緒にやったりなどである。こうした「ちょっとした楽しい工夫」以外は、授業や給食時間の様子、休み時間の遊びや掃除の指導など、普段通りの藤原学級の様子を見せてくださる。しかし、藤原学級の「普通」の様子が、参観した学生たちには特別に見えるらしい。彼らはたいてい、子どもたちの様子に感心したり感動したり、授業や生活指導の場面からさまざまな刺激を受け、ときには藤原先生に質問し、それぞれに何かを学びとった満足感で明るい表情を見せる。ここでも藤原先生の「普通」が特別な威力を発揮するのだ。

子どもが主人公——学習指導の事例から

(1) 子どもの体験を重視し、豊かにする認知的学習

はじめに取りあげるのは1年生の1学期に行う、「ひらがな文字指導」(12頁)である。藤原実践は認知的学習においても実際の体験・経験を非常に重視する。具体物や具体的体験とひらがなとを結びつけ獲得するという指導である。私が藤原学級で実際に見たのは、インスタントラーメンの乾麺(ちぢれ麺)を砕いて模造紙に糊で貼り付け、大きな「ら」を書くという学習であったが、投稿では積み木で「つ」の字を作るといった活動が例とし

て紹介されている。このような学習活動は、おそらくそれほど珍しいものではないだろう。

しかし藤原実践では、ときには認知的学習も教室の外へ飛び出してのダイナミックな学習活動となる。投稿でも紹介されている「く」の学習では、車椅子に実際に触れて、乗って、車輪の軌跡で運動場に大きな「く」の字を書く。さらには、山下さんの解説でも紹介されているように、風呂の「ふ」の学習と温泉体験（公共施設の利用）を合体させて、実際に温泉に出かけたり（27頁）、「あ」の学習の一環として保護者が営むアスパラガスのハウスを見学したりもする（15頁）。学習の場は校内にとどまらず、同僚教員や保護者の理解と協力を得ながら、学校外にまで広がっていく。子ども自身の実際の経験や体験を豊かにし、そこからさまざまな気づきが生まれるようにという意図をもって、子どもと一緒に楽しみながら、学習活動を大胆に展開していくのである。このような学習活動について、驚きをもって眺める読者もいるかもしれない。「なんだか遊んでばかりのようだ」と批判的まなざしを向ける人もいるかもしれない。しかしながら、藤原先生は「子どもの生活経験を重視する」「体験を通じて学ぶ」という基本原則に忠実に学習活動を組み立てているのであり、その意味では、いたって「普通」の実践であり、むしろあるべき実践の姿なのではないか。

(2) タイミングをとらえた、子どもが主人公の学習支援

次に取りあげるのは、算数につまずいた子どものエピソード「がんばりやのあなた」(102頁)である。これもまた山下さんの解説で紹介されているが、私が注目したいのは、子どもの「わかりたい!」という気持ちに共感し、そのタイミングを逃さずに、ていねいに寄り添って学習支援を行っている点である。

「言うは易し、行うは難し」と言うが、ますます多忙化が進む学校現場において、「わかりたい」という子どものサインに気づくことすら難しいかもしれない。しかし、紹介されている多くのエピソードには、ちょっとした出来事やわずかな時間の中で藤原先生が気づき、発見した子どもたちの様子が登場する。また、本書には掲載していないが私のお気に入りの投稿の1つに、給食時間中の子どもたちどうしの会話にじっと耳を傾け、他愛もない話の内容に内心でクスクス笑っている藤原先生というのがある。日頃から子どもたち一人ひとりに目を向け、じっくりと話を聴く藤原先生だから、子どもの「わかりたい」サインを的確にキャッチし、タイミングを逃さず適切に学習支援ができるのではないか。まさに子どもが主人公の支援であり、指導である。夏休みや冬休み、春休みなどに恒例となっている、子どもたちとのラブラブお勉強会(95、125頁)の場面でも、子どもを主人公にきっちりと据えた学習指導の様子がうかがえる。

同じ「人間」としての受容と共感――子どもや保護者との関係づくりから

(1) 同じ「保護者」、同じ「人間」として

藤原先生の保護者への共感的まなざしを代表するエピソードは、すでに挙げた「ダイソー親子」であろう。フェイスブックでこの投稿を見つけたその翌日すぐに、私は大学の授業(教職に関する科目)で学生たちにこの投稿を紹介した。というのも、学生たちの多くが、「モンスターペアレント」とか「教育ママ」とか「無関心で無責任な親」などといった否定的な保護者イメージを強く持っており、将来教員になったときに保護者とどのように接すればよいのかという不安や、「親としてのあるべき姿」からのズレを見せる保護者への批判的態度を頻繁に示していたからである。

言うまでもなく、教員と保護者の立場は異なるし、それぞれが異なる役割を果たすのは当然である。しかし、教員が最初から否定的な保護者イメージを持ちながら、立場や役割の相異を前提として保護者との関係を取り結ぼうとするならば、そこには受容的で共感的な関係は生まれないだろう。教員と保護者という役割関係を超えた、同じ「人間」としての受容と共感が根底に存在しなければ、保護者にどう対応するのかという小手先の技術だ

けでは良好な関係は築けない。また、同じ「人間」としての受容と共感がなければ、保護者に対する否定的イメージや批判的態度が和らいだり、修正されたりすることもないであろう。

「ダイソー親子」に向ける藤原先生のまなざしは、同じ「人間」、同じ「親」としての共感にあふれている。こうした彼女のまなざしを通して保護者という存在を見ることで、①保護者はそれぞれ子どもに対する願いや思い、愛情をもっていること、②それらは実にさまざまな形で表現されること、③その表現の背後にある保護者の思いを共感的に汲み取ることなどを学生たちに伝えたいと考え、その後も時々授業でこのエピソードを紹介している。

（2）さようならの「儀式」は藤原実践の象徴

藤原学級には１日の学校生活の最後に必ず行われる「儀式」がある（私が勝手に「儀式」と呼んでいるのであって、藤原先生にとっては「儀式」かどうか、わからない）。授業がすべて終わり、いわゆる「帰りの会」も終わって、「さようなら！」と子どもたちが教室を出ていくかと思いきや、彼らは教室前方の出入り口に向かって１列に整列する。そこで、私が参観に連れて行った学生たちは、「なんだ、なんだ？　何が始まるの？」といった不審そうな表情で出入り口のほうを見る。よく見ると、出入り口を出たすぐの廊下に藤原先生が膝をついた姿勢で両腕を広げている。まずは列の先頭の子どもが、教室から小走りに藤原先生の腕の中へ……。先生はその子をしっかりと抱き止めて、別れの言葉を掛ける。先頭の子どもとの「ハグ」がすんだら、次の子の番だ。

この儀式を初めて見る参観の学生はさまざまな反応を見せる。驚きの表情を見せる者、「わぁ!」と羨ましそうに(?)声をあげる者、気恥ずかしそうに眺める者等々。どうも大半の学生にとっては、初めて見る「儀式」らしい。「私も教員になったら、やりたいな」とか「高学年でもするのかな?」とか「40人学級だったら、ちょっと無理……」とか「ボクがやったらセクハラになるんじゃないか?」とか、口々に言う。学生たちにとっては、それだけインパクトのある「儀式」なのである。

さて、私はこれまで何度かこの儀式の様子を観察する機会に恵まれたのであるが、「さよならハグ」は藤原先生の子どもに対する姿勢や態度の象徴だと感じている。子どもたちを正面から、全身で、懐深く、しっかりと受け止め、包み込む。それに応えて子どもたちも心を開き、体を預け、藤原先生との信頼関係を築いていく。教師―児童という役割関係を基本として信頼関係を構築しながらも、藤原先生はときに子どもとさえも、その役割を超えて同じ「人間」として共感しあい、受容しあう。「7才だったらな」(118頁)の中に出てくる「あなたたちと同じ7才だったら、すごくなかよくなれそうね」という藤原先生の言葉は、できることなら「おとな役割」とか「教師役割」を脱ぎ捨て、大好きな子どもたちと同じ7才の子どもとして経験を共有し、ともに子ども時代を生きてみたいという願望の表れのようにも思われる。「教師」として子どもを愛し、受け止め、その発達を見守り支える役割を果たしつつも、根っこのところでは子どもをおとなと同じ「人間」としてとらえ、共感しあうという彼女の姿勢は、保護者に対するまなざしにも共通する。そして、この姿勢は藤原先生にとっては意識し努力して示すものではなく、身体化されたものとして、ごく自然に相手（保護者であれ子どもであれ）を受容し、共感しあっているように見える。本書で取りあげた数々のエピソードや私が藤原学級を参観して見てきたさまざまな実践の根底に貫かれているのは、藤原先生のこうした子ども観や保護者観ではなかろうか。そして、それこそが「普通」の教員である藤原先生を、個性的で特別な存在にしているると思うのだ。

以上のように、「藤原朱美ワールド」に対して私なりの視点でアプローチしてみたのだが、先生ご本人からしてみれば「なんと勝手な解釈か」と思われる点もあるに違いない。いつか先生ご自身の意見をお聞きしながら、藤原朱美の世界をもっと深く探求してみたいと思っている。

あとがき

夏に娘の用事で東京に行ったとき、友人から夜景の美しいところで、明治神宮についての興味深い話を聞きました。東日本大震災の被災地支援を継続してされているその方は、今回の熊本地震においても、すぐに現地にボランティアとしてかけつけてくださり、現地の調査など今でも継続して熊本に来てくださっています。地震がご縁で知り合うことができた方です。

「明治神宮の木は、１００年後の人々のくらしを考えて植えられているんです。自分も、１００年後の人々のくらしを思い計りながら、１００年後にも続くそんな仕事をしたいといつも思っています」

びっくりしました。私は「子どもたちの将来」という10年後や20年後のことを想像して、今何ができるのかを考えて行動しているんですけどね。１００年後の自分が知らない子どもたちのことについてまで、考えが及んでいませんでした。

その方に聞いてみました。

「１００年後の子どもたちは、どんな姿になっていると思いますか」

「なんか、みんな同じで、頭のところに線がつながれて、考えることもできなくされてしまっているのではないですか」

そんな100年後はいやだ、と思いました。私たちの今の教育が、ほんの少し間違った方向に行くと、遠い未来のゴールが変わってくる、そんな危機感さえ感じるくらい私にとっては衝撃的で重い言葉でした。

じゃあ、自分には何ができるのだろうと思ったときに、「子どもたちを愛しかわいがること」「子どもの声を聞くこと」「考える、意見を持つ、行動すること（子どもも私たちも）」なのかなあと考えます。これからももっとその答え（できること）は増えていくでしょう。

「科学の力を超えるのは愛しかない」

余談になりますが、この間行ったコンサートで、大好きなアーティストの方がこの言葉を教えてくださいました。この場合、「どんなに科学技術がすすんでも、使い方をまちがったら、人類はよくない方向へ行く危険がある」と私は解釈しました。

「愛ってすべてにつながっているんだ」と再確認して、いつの間にかこの本のタイトルに行き着きました（笑）。

それから先日のこと。1年生の女の子が、私にこう話しかけてきました。

「ねえ先生、はたらきよる？（働いてる？）」

あれ、この言葉どこかで……。そうだ、この本の最初のエンジェルスさとみちゃんの言葉と同じでした。

この本の主役の子どもたちもすっかり大きくなり、伝説娘ももうすぐ私のそばから離れる時期がきました。みんなまぶしいくらいに成長して、キラキラと自分らしく輝いています。変わらないのは私だけ。これからもずっと子どもたちや娘のことを応援すると同時に、相変わらず毎日子どもたちのそばにいて、「自分にできることはなにか」と自問自答しながら、子どもたちや親御さんと向き合いながらも、実は子どもたちに学び、癒され、助けられていくでしょう（変わったことといえば、自称「妖怪あかごなめ」と言っていたのが、ある友人から「妖怪わらしたらし」という新しい名前をいただいたことくらいかもしれません）。

私のひとつの夢、「子どもたちのことを本にする」が、私の師匠であり総合プロデューサーの東海大学教授山下雅彦先生や、この出版を受けてくださった本の泉社の比留川洋社長はじめ担当の伊藤知代様、いつも私の実践や悩みを一緒に喜び考えてくださる「子どもの権利を考えるゆるやかな研究会（通称「ゆる研」）」のメンバーのみなさま、解説を引き受けてくださった熊本大学の藤井美保先生、応援メッセージを寄せてくださった星野ゆかさんと眞津里美さん、私の大切な娘と父、残念ながら地震から半年後に病気で亡くなった

あとがき

母、いつもあたたかく見守って協力してくださる保護者のみなさまと、何よりもたくさんの「おもしろいエピソード」を毎日毎日提供してくれる子どもたちのおかげで、このように形にすることができました。

まだまだ拙い実践ではありますが、子どもに関わるいろんな方と、この本を通じてつながっていくことがこれからの私の夢です。そして、これからも「子どもたちのそばにいる大人」として、日々精進していきたいと思います。

ありがとうございました。これからもよろしくお願いいたします。

２０１７年12月5日　藤原朱美

【著者紹介】

藤原 朱美（ふじわら あけみ）

小学校教諭。1966年生まれ。短大卒業後、一旦銀行に就職するが、教師になる夢をあきらめきれずに2年後退職。それから3年かかって念願がかなう。子どものころ一番楽しかった思い出は「学校帰りの道草」。

わたしの愛《いと》しい子どもたち
～朱美先生の子どもエッセイ～

2018年3月1日　初版第1刷

著　　者　藤原朱美
企画・編集協力　山下雅彦
発 行 者　比留川 洋
発 行 所　株式会社 本の泉社
〒133-0033 東京都文京区本郷2-25-6
電話 03-5800-8494　FAX 03-5800-5353
http://www.honnoizumi.co.jp/
印刷･製本　中央精版印刷株式会社

Printed in Japan　ISBN978-4-7807-1662-7 C0037